与最聪明的人共同进化

HERE COMES EVERYBODY

CHERS

CHEERS
湛庐

打造你的故事资产
Story Dash

[美] 戴维·赫钦斯（David Hutchens） 著
马社林 译

浙江教育出版社·杭州

关于如何用故事提升你的商业价值，你了解多少？

扫码加入书架
领取阅读激励

扫码获取全部测试题和答案
一起了解故事的神奇力量

- 故事就是闲聊，并不适用于正式的职场情境，对吗？（　）

  A. 对

  B. 错

- 要运用故事的力量，就必须表情非常夸张，表述非常煽情吗？（　）

  A. 是

  B. 否

- 为了让听故事的人有代入感，最好的做法是：（单选题）

  A. 给故事起一个奇特的标题

  B. 讲故事时表情尽量夸张

  C. 用时间短语和地点短语开头

  D. 在故事中使用尽可能多的数据

扫描左侧二维码查看本书更多测试题

推荐序

STORY DASH

故事，就是你的人生

马徐骏

演讲教练、《回响·开年演讲》策划人

我的年度日更专栏写作曾经“撞到了天花板”：我每天都在发愁第二天的选题，觉得自己已经讲完了所有能讲的道理，有些甚至讲了不止一遍，对断更的恐惧让我陷入了焦虑。

我求助于自己非常敬佩和喜爱的专栏作家万维刚老师。他问我：你觉得我们作为专栏作家，最应该提供给读者的是什么？

见我苦思冥想，久久没有答复，万老师直接丢给我两个字——故事。

没有人缺道理，作为一个写作者，试图通过“死磕”自己来不断为他人提供石破天惊的新认知，是一件得不偿失的事。那是抢科学家和哲学家的饭碗，而且必定抢不过，那又何苦呢？

万老师还发了他的几篇专栏文章给我，问我这几篇文章是不是都讲了同一个道理。作为他的忠实读者，这几篇文章我都拜读过，但经他提点，再细细翻看，发现的确是这么回事。这些文章的落脚点，都是同一个道理，却使用了完全不同的故事，给人耳目一新的感觉。

那一刻我的疑惑解开了，那层看似无懈可击的“天花板”也突然消失了。如今，我专注于帮助他人打磨演讲稿、提升演讲技巧，也依然受益于那次跟万维刚老师的交流。

没有人爱听你讲道理，但所有人都爱听故事。你看，我这不是刚给你讲了个我自己的故事吗？

从刚记事开始，我们就通过故事来理解这个世界：寓言故事告诉我们善恶对错，童话故事告诉我们如何跟人相处，长辈讲我们出生前的故事让我们知道自己从何而来。这个世界上不会有任何一个孩子说：“爸，再给我讲个道理吧，我没听够。”因为孩子们热爱、痴迷的是故事。

那成人呢？成人，不过是长大的孩子而已。我们依然离不开故事，只是那些简单的故事不再能满足我们的需求，我们需要更复杂的故事。各种网络爽文动辄几百万字、上千万字，让人读得如痴如醉；各类短剧讲的故事让人迫不及待充值解锁新剧情，想知道后面的发展；几小时长的电影、几十集长的电视剧，都是让成年人痴迷的故事。

为什么四大名著不是诗歌、散文，而是小说？因为人们对故事的需求从古到今都没有变过。故事不仅满足我们的精神需求，也在塑造着我们对这个世界的看法，回答着我们从何而来的终极问题。相比于表达出的西方人盼望救世主降临心态的《等待戈多》，中国人的神话故事，从女娲补天到大禹治水，再到打上凌霄宝殿的齐天大圣，都在塑造着我们的抗争精神和气节。

故事，是相伴我们一生的东西。获得了一个人的故事，就拥有了理解这个人行为逻辑的钥匙。你传播了自己的故事，就创造了别人接近你的可能。

我跟中国的很多本土品牌有过接触，发现许多品牌方不管是技术端还是供应链，都能对外国品牌形成降维打击，但偏偏就是没办法在用户心中建立起更高的品牌势能，也没有办法获得品牌溢价。

原因很简单，这些国产品牌大都不会讲故事，只是一味地堆参数、列专利、讲科研术语，消费者根本无法理解，也就难以信任他们。这点不单针对品牌，对个人来说同样如此。

很多厉害的人知道讲好故事的重要性。星巴克的前首席执行官霍华德·舒尔茨（Howard Schultz）每次都会讲起同一个故事，就是他加入星巴克的缘起。亚马逊的创始人杰夫·贝佐斯要求公司的高级主管在会议上不要播放演示文稿，而是写下自己的想法，最重要的是学会讲好故事。乔布斯在斯坦福大学毕业典礼上的演讲，也穿插了自己人生中最重要的三个故事。

你可以放心地将这本书当作工具书来用，作者戴维·赫钦斯不但给出了帮助你挖掘自身故事和品牌故事的工具，而且像做科学研究一样，给出了具体的参考数据，比如：

一次分享、演讲、汇报、竞标里，数据的比例应该占多少不好说，但可以确定的是，故事的比例应该至少达到 30%。

在 TED 最受欢迎的那些演讲中，20 分钟的演讲时间里，故事占比甚至可以达到 53%。所以 30% 的比例并不是上限，仅仅是底线。

即便如此，大多数的情境下，故事出现的比例还不到 5%。

人们在经过大约 5 ～ 9 分钟繁重的脑力劳动后就会开始出现疲劳的迹象。于是，他大胆地做出如下假设：2 分钟的故事可以为你的数据、理论或说教换来观众 9 分钟的注意力。

当然，还有具体可落地的法则："5-30-90"法。你可以先讲一个 5 秒版本的故事，然后讲一个 30 秒版本的故事，最后再讲一个 90 秒或者更长时间版本的故事。

你可能会奇怪，为什么故事还能成为资产呢？相信在现在这个信息化时代里，没有人会怀疑数据是一种资产，并且是可以比肩石油的重要资产。而在这本书里，戴维・赫钦斯提到了一个有趣的类比："故事是拥有人类灵魂的数据。"

当我们离开这个世界的时候，我们能留下的是一段段快活的、伤心的、激动的、改变了你和他人的回忆。它们会以故事的形式留下来，告诉别人，我们是怎样的人。

故事，就是你的人生。

目录

STORY DASH

推荐序　故事，就是你的人生

马徐骏
演讲教练、《回响·开年演讲》策划人

第1章　**为什么你一定要学会讲故事**　003

故事是一种不同的语言 …007
组织是一个情感系统 …010
故事可以快速影响情感系统 …013
你为什么要学会讲故事，又为什么害怕讲故事 …015
做好讲故事的准备工作 …028

第 2 章 **步骤一，故事挖掘，发现你的故事资产** 033

故事挖掘的 3 个原理 …039

找出你的故事 …041

确定你的故事 …056

第 3 章 **步骤二，故事画布，构建有影响力的故事** 065

构建你的故事的结构 …074

在画布上的“漫步” …078

尝试画出你的故事 …099

第 4 章 **步骤三，讲故事比赛，让故事“活”起来** 105

通过观众反馈让故事变得更好 …109

提升故事品质的 4 大步骤 …112

针对发现的问题，升级你的故事 …122

第 5 章 **步骤四，激活故事资产，用故事改善你的工作** **133**

掌握平衡，故事的黄金占比是 30% …138

用故事重置注意力的调光开关 …149

后记 人们总是会被故事吸引 …157

附录 A 故事速写卡 …165

附录 B 常见问题 …179

附录 C 学习笔记：如何推进故事速写 …199

附录 D 我如何在书中发挥故事的力量 …215

故事速写过程

上午8：30

吃点面包

故事挖掘

使用故事速写卡或
领导力故事卡，
战略性地选择故事。

上午9：30

用故事画布
打造故事的影响力。

故事画布

上午 10：30

通过讲故事比赛赋予故事生命

围绕目标，完善故事，让故事鲜活起来。

中午

激活故事

树立信念、提升参与感、激发行动。

大家做得很好，辛苦了！中午吃点什么？

第1章

为什么你一定要学会讲故事

STORY DASH

“如果我们成功签下这份合同，那不是因为我们的方案做得好，而是因为有这样优秀的人帮助我们。”2020 年在波士顿，珍妮特这样把我介绍给她的团队。但是，我觉得这样的介绍稍有不妥。

首先，这个团队里的 18 位技术专家都非常优秀。为了赢得那份价值 2.5 亿美元的合同，他们一直在研究调查、制订营销方案，可谓废寝忘食。而珍妮特这句话的意思是，如果他们成功了，并不能归功于他们的方案做得好。这听起来很别扭。

其次，这些技术专家敏锐地捕捉到珍妮特使用了“如果”这个词。一瞬间，我注意到整个技术团队都坐不住了。

虽然他们不喜欢这个假设，但也都明白珍妮特说的是实话。

我常常遇到这种尴尬的情况。许多团队之所以邀请我帮助他们发掘故事，并不是因为他们真的喜欢故事，也不是因为讲故事本身是一件很酷的事情。通常，这些团队邀请我是因为他们辛辛苦苦制订的方案又失败了。他们提出的方案与竞争对手的相比并没有什么亮点，找不到突破口；团队的想法也无法在市场上实施，所有创新都被否定。似乎吆喝声越大，效果越不理想。

波士顿团队也不例外。他们非常清楚这一点，因为他们常常收到市场方面的类似反馈。有一次，一位客户告诉他们："我们知道你们的产品。昨天有几家公司刚刚来过，你们的方案与他们的相差无几。能否说一说，你们的卖点是什么？你们的产品有什么特别之处？我需要更了解你们，才能相信你们有实力完成这个项目。"

波士顿团队的成员被这个说法搞糊涂了："'更了解我们'是什么意思？我们以往总能靠方案胜出，现在已经有了方案，这还不够吗？"对于这些技术专家来说，客户这段有关"相信"的话听起来就像是外星语言，他们的脸上写满了沮丧。

此刻，他们上下打量着我，脸上的表情告诉我，他们根本不想听我讲故事，他们认为能否赢得那份价值 2.5 亿美元的合同取决于他们下周一的方案演示能否通过。可想而知，这个周末对于他们来说将会是漫长而艰难的。

“各位，请允许我向大家介绍一下，这位是戴维，”珍妮特对整个团队说，“他将帮助我们发掘一些有价值的故事。戴维，现在就交给你了。如果有什么需要，请尽管告诉我。”说完，珍妮特就走了，留我一个人站在他们面前。

现在，我该怎么办？

“大家好，”我略带尴尬地说道，“那……我们开始吧。”

故事是一种不同的语言

“如果我们成功签下这份合同……是因为有这样优秀的人帮助我们。”

“我需要了解你，才能相信你。”

很多非常聪明的领导者在工作上得心应手，但还是很难理解“工作中会有情感因素的影响”这个说法。几乎我认识的每一位领导者都觉得让员工全心全意地投入工作是一件非常困难的事情。

我曾培训过一位非常有才华的年轻程序员。他的名字叫达里亚，在孟买工作。他向我坦言：“我之所以进入这个行业，是因为我热爱编程，但我现在所做的一切好像与编程无关，都是在与人打交道，想方设法处理人际关系。”

的确如此，组织就是涉及“人”的系统。对于那些必须探索新的管理方式的领导者来说，理解这一点可能会有所帮助。涉及人的系统往往会受到复杂的情感因素的影响。如果领导者想要追求影响力，就需要一项特别的技能。我注意到，一些领导者常常误以为他们的组织是完全理性的，当组织陷入困境时，他们会认为：大家的工作推进不下去一定是因为缺少数据。

他们会采用播放演示文稿的方式来展示数据。对于演示文稿，我已经无话可说，它们看起来常常就像下面这张图片一样。

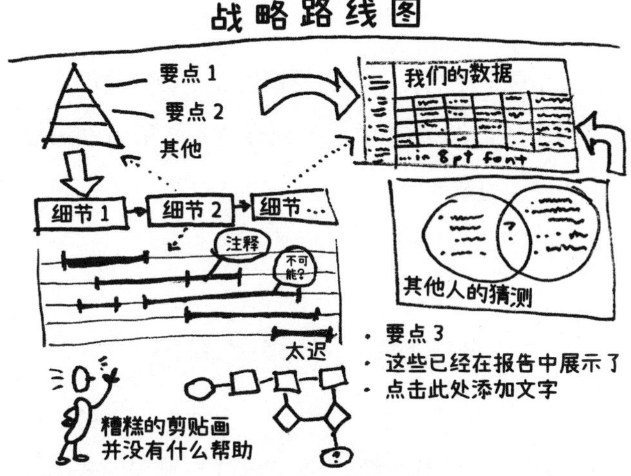

我想通过夸张的呈现形式让演示文稿看起来搞笑一点，但好像没有成功，因为它们看起来的确已经够搞笑了。如果我没有记错，波士顿团队就曾说过："我们可以多加几页演示文稿，提供更多的数据，让客户相信我们有实力完成这个项目。"

数据并不会影响人们的决定，特别是在如今这个数据泛滥的社会里。试图用数据来影响人们的决定往往会适得其反，人们只会更加坚持自己的决定。还有许多领导者希望用数据摆脱组织中复杂的情感因素，但这种做法可能让他们陷入更大的困境。

要想在这个充满复杂性、模糊性和不确定性的新世界里发挥领导作用，作为 21 世纪的领导者，必须借助讲故事这项古老又现代的技能。

组织是一个情感系统

“组织是一个情感系统。”我曾这样对德国的一个金融软件工程师团队说，但他们居然对这种说法提出疑问，这让我感到很惊讶。我知道这些人都非常聪明，他们的思维逻辑和数据处理能力使他们处于专业领域中接近顶端的位置。所以，他们中的有些人认为，“要靠打感情牌才能在行业中获得生存机会”的想法是对他们的一种侮辱。

但是，他们都属于这个情感系统，我们所有人都一样。我们的决定往往是在冲动下做出的——先是感性驱使我们做出决定，然后理性才发挥作用。而且，理性发挥的作用也仅仅是为感性决策提供一些说服我们自己的理由罢了。

但我有一个故事，故事的主人公埃利奥特是这条规则的一个罕见例外。一次脑部肿瘤切除手术给埃利奥特的大脑腹内侧前额叶皮层造成了永久性损伤，这个损伤让他的情感与思想割裂开来。也就是说，他仍然可以思考，也可以产生感情，但他无法再将两者联系起来。

神经科学家安东尼奥·达马西奥（Antonio Damasio）是埃利奥特的主治医生。达马西奥在《笛卡尔的错误》（*Descartes' Error*）[①] 这本书中描述了手术带来的损伤对埃利奥特的生活产生的不利影响。达马西奥指出，手术后，埃利奥特再也无法从事任何工作，无法管理自己的财务状况，也无法维持亲密关系。

由于情感和思想无法联系起来，埃利奥特连一些简单的决定都做不了。有一天，埃利奥特坐在达马西奥的办公室里，达马西奥问他："你下个星期想什么时候过来，星期一上午还是星期二下午？"

---

① 在《笛卡尔的错误》中，达马西奥通过丰富的临床案例，令人信服地证明了情绪在人类理性决策中的重要作用，颠覆了西方占据主流认知几百年的身心二元论。该书中文简体字版已由湛庐引进，北京联合出版公司于 2018 年出版。——编者注

埃利奥特无助地想了近半个小时，陷入无尽的纠结之中，权衡着星期一和星期二到底哪一天更好。最终，达马西奥只好介入并说道："要不我们就约在星期一吧？"埃利奥特说了声"好"，就离开了。

对于大多数人来说，这个决定太简单了，人们很少会注意到思想和情感之间复杂且无形的联系。我们的身体从情感记忆档案中提取信息，并迅速赋予不同选项相应的感受价值。达马西奥把这些情感记忆称为"躯体标记"（somatic markers）。"我觉得星期二不错，我们就约在星期二吧。"当做出选择时，我们几乎不会注意到这种内在情感的转换。

埃利奥特做不到这一点，因为他无法将情感与选项联系在一起。对他来说，"星期一还是星期二"就像一个无穷无尽的迷宫，在这个迷宫中，他无法给任何一种选项赋予权重或感受价值。

先感受，再思考。先基于情感做出决定，然后我们的大脑才会证明这个决定的合理性。

当然，"星期一还是星期二"是一个低风险的决定，但情感同样驱动着个人、团队和机构的所有重要活动。波士顿团队的客户曾直言不讳地表示，这个价值 2.5 亿美元的销售决策虽然很复杂，但其实就取决于一种感觉，那就是“让我们相信你们能做好”。

我再强调一次，组织是一个情感系统。如果你想通过数据来说服人们行动起来，那你选错了工具。你所需要的是一种不同的工具。

故事就是那种可以影响情感系统，并说服人们积极参与的工具。

故事可以快速影响情感系统

故事并不能解决领导者遇到的所有问题，但如果想要影响组织之类的情感系统，没有什么比它更有效了。

你应该在什么时候讲故事呢？只要是在你希望人们树立信念、积极参与、行动起来的时候，就都可以。愿意参与的人们会主动行动，因为他们想去行动。这时的动机来自他们的内心。

相比之下，信念则更加强大。“相信一件事情”和“知道一件事情”之间存在着天壤之别。人们会牢牢地坚守自己的信念，对于自己的想法却不见得会如此。纵观历史，那些会为了信念英勇就义的人绝不会为了想法从容赴死。在激发信念的力量方面，史蒂夫·乔布斯堪称大师。在他的影响下，苹果公司的粉丝会在苹果门店外露营数天，只为等待新款 iPhone 手机的开售，而这些粉丝这样做并不是因为乔布斯用技术或数据征服了他们。

如果波士顿团队想让客户知道实施他们的方案需要多少成本，花费多长时间，他们当然可以把这些数据写在报告中以便客户参考，但更重要的是，他们需要让客户相信，没有哪一个竞争对手能够像他们那样坚忍地、创造性地执行该方案。为了实现上述目的，我们一起挖掘了一些有关该团队的故事，打算讲给客户听。

现如今，各行各业的领导者都开始通过讲故事让员工全心全意地投入工作，并树立坚定的信念。试想一下：如果你的团队、合作伙伴和客户愿意与你合作，不是因为你逼迫或央求他们，而是因为他们相信你，那会是一种什么样的效果？如果他们也愿意为你在室外露营，那又会是一种什么样的效果？所以，你应该把你的故事讲出来！我强烈推荐你好好读一读这本书。

你为什么要学会讲故事，又为什么害怕讲故事

本书适用于任何想让团队与客户树立信念、积极参与、行动起来的领导者。

本书也适用于科学家、技术人员和工程师，因为他们的杰出创新成果对于非专业人员来说过于复杂，很难解释清楚，更不用说激发人们的兴趣了。

本书也适用于创新者，因为他们必须团结一切力量去践行新理念、实施新策略，而这往往非常困难，因为人们本能地希望保持现状，没有人愿意步入可怕的未知领域。如果你正在想方设法说服你的团队进行创新设计，那么，请花点时间看看这本书吧！

如果你在推销商品，这本书对你来说就再合适不过了。

因为我们的工作本质上也是推销，我们更懂推销的手段。销售人员和营销人员早就知道了故事的奇妙之处。记得早年在亚特兰大做可口可乐的广告文案时，只要我加入产品相关的故事，销量就会更好。

本书也适用于产品经理，因为他们必须在公司内部争夺资源和关注度。毕竟，如果你不能改变股东的想法，获得他们的支持，那么你的项目将永远无法启动。

本书还适用于从事人才招聘和人才管理的专业人员，他们竞相招揽那些倍受欢迎的青年才俊，并努力想要留住这些人才。新一代的年轻求职者拥有许多选择，他们会仔细评估你的公司文化，并提出要求："请展示一下你们是谁，让我相信你们的能力。"

本书还适用于企业家、个体经营者、艺术家和求职者，他们都需要努力在嘈杂拥挤的职场中建立令人信服且不容忽视的话语权。想要形成自己的领导力话语权，你就应该讲述一些关于你的具体故事。

如果你为非营利组织工作，我打赌你早就在思考要怎么讲好故事了。向外部各界寻求支持的最好方法莫过于讲出求助者的动人故事。

此外，本书还介绍了一些非常重要但常常被大多数非营利组织的领导者忽视的故事，在阅读本书时，你将会揭开它们的面纱。

如果你家里有小孩，那么本书也会对你有帮助。你可以在餐桌上讲一讲书中的故事，这些故事能帮助处在心灵和大脑快速发育期的孩子建立安全感、提高适应力，助力他们健康成长。

相信我，这本书能激励你发掘出许多精彩的故事，而这些故事能帮助人们说服他们的团队和客户，树立信念、积极参与、行动起来。更妙的是，故事速写的过程将帮助你快速实现自己的目标。

故事是一种新的迫切需求

我认识的每个人都在一刻不停歇地快速前进，在不断高涨的、令人麻木的信息浪潮中艰难跋涉。波士顿团队的成员们将要面临自己职业生涯中最为关键的一场商务演示，就在只剩下几天时间的时候，他们顿悟：如果想要获胜，就需要创造出令人难以忘怀的共情时刻。

我曾与一家医疗保健机构的高级团队合作。当新冠肺炎疫情全面暴发、形势接近崩溃的时候，他们再次打电话邀请我过去。“您好，您还记得 3 月的时候，我们为了全力抗击疫情而取消的那个故事讲述培训项目吗？但现在，我们一致认为，如果想要机构正常运转，就需要把我们的故事讲出来，而且这次我们的总裁也想参加这个培训项目。他想知道，这次培训多快能开始。”

这个问题的答案是“非常快”。

在过去的 20 多年里，我一直在帮助全球几十个国家的组织的领导者挖掘自己的故事，讲好自己的故事。我开发了一门名为“讲故事的领导者”的学习课程。该课程既可以在线下进行，也可以在线上进行，课程时长可能只有一天，也可能持续好几天。它能够帮助参与者深入探索自己讲故事的能力。

作为一种组织能力，讲故事可以用于意义建构、文化创造、知识转移、机构发展、品牌创建、市场营销等多项业务。这是一种非常有效的体验，它将人文情怀注入组织之中，同时激发每个人的领导力。

电话另一端的声音更迫切了。他们说："我们已经落后了。您什么时候能来？我们的培训什么时候开始？"

讲好自己的故事是一种新的迫切需求。世界变得越来越嘈杂，而积极参与也成为一种越来越宝贵的品质。我调查并培训了数千名领导者，他们所在的领域包括硅谷创新项目、法国奢侈品牌、亚洲生命科学等，我现在可以自信地做出以下承诺：通过故事速写过程及辅助工具，你可以在大约半天的时间内找到、开发并激活自己最具战略意义和商业价值的故事，我称之为"故事资产"。

最终，我们只用了 4 个小时就完成了这家医疗保健机构的培训。

事实上，我还做过更快的培训，就是波士顿团队的那场培训，因为时间非常紧迫，所以我和他们的领导者分别开了几场 45 分钟的小型会议来帮助他们准备故事。那简直是一场旋风，我不推荐大家那么做，虽然他们的效果依然很好。

我知道波士顿团队的结果一定吊足了大家的胃口，我也知道一个好故事必须有一个令人满意的结局。很高兴地告诉大家：他们赢得了那份价值 2.5 亿美元的合同！毋庸置疑，他们的技术方案设计得非常出色。同时，他们也反馈，我帮他们准备的故事发挥了非常重要的作用，因为这些故事成功创造了客户所追求的那种人与人之间令人信服、印象深刻、清晰明了的联系。有些人问我讲故事的投资回报率是多少，我会回答：至少，有一个团队说它价值 2.5 亿美元。

故事速写是一个积极有效、可重复操作的过程，这个过程需要你全情参与其中。现在，赶紧行动起来，读一读这本书吧！

故事速写让你更具个人特色

尽管打造故事的过程讲求即时性，但打造故事的能力对你的领导力会产生持久的影响。故事是你“最具人性化的”语言，它极具感染力。讲故事的能力是你影响力的核心。有很多领导者告诉我，体验故事速写的过程对他们产生了深远的影响。我敢打赌，当你亲身经历这个过程后，你会发觉它唤醒了你内心深处的一些东西。故事速写让你的领导风格更具个人特色。

2020 年，我在我的家乡纳什维尔市开展了一个故事速写项目。该项目的培训对象是田纳西州女子监狱的囚犯，当时她们正在学习如何创业。项目结束后，一位女士告诉我：“我觉得我在自己身上发现了一种前所未知的才能。”她的话一直在我脑海中回荡。这可能是我听过的最好、最真实的反馈了。她说得没错，当你在发掘自己的故事时，也会唤醒一种全新的才能。

我有没有告诉你故事速写是一个非常有趣的活动？如果没有，我现在就告诉你，这个活动不仅有趣，而且会带给你非常棒的感觉。一旦你的团队开始激活自己的故事，成员们一定会说：“为什么我们没有早点儿这么做？我们应该将故事更多地融入工作中。”

你也许会和亚马逊的首席执行官杰夫·贝佐斯做出一样的决定，他规定公司的最高领导层必须具备讲故事的能力。贝佐斯与高级主管开会时，禁止主管们播放演示文稿，而是要求他们必须准备好能够反映当前业务状况的故事。“这是我做过的最明智的决定。”贝佐斯说。

当你体验到故事的惊人力量后，你会发现它是一个核心结构，关系着公司的决策、战略、影响、发展、知识创新等各个方面的关键问题。你会想："之前我们为什么一直没有这样做？"再过几分钟，我们就开启你的第一次故事速写体验，但在这之前，我想谈几个问题，因为我知道你正为此担心。

让我们直面讲故事时的恐惧

其实，当大家听说要参加讲故事培训时，几乎每个人都有些不情愿。在法国和德国做培训时，我可以看出参加培训者的脸上都露出怀疑的神情："这个热情洋溢的美国人不远万里飞越大西洋来到这里，就是为了教我们怎么讲故事吗？"他们认为美国所有级别的领导者都具备这种独特的讲故事的能力，但我要指出，他们的想法是错误的。其实，每个人，不管拥有哪种文化背景，讲故事的时候都会感到恐惧。

的确，相较于用数据说话，讲故事要冒更大的风险，更令人感到缺乏安全感。从某种角度看，通过讲故事的方式来敞开心扉地与他人交流，让人们更清晰地了解你、更透彻地认识你，是一件非常"可怕"的事情。也正因如此，大家都喜欢展示数据，就连许多领导者也会过度依赖演示文稿来传递最关键的任务信息。即使你讲的故事没有涉及特别私密的信息，这种交流所展现出的明显的“人性化”特征仍会令有些人望而生畏。

但我们必须直面内心的恐惧。你的脑海里曾经一定浮现过一些自我否定的声音，下面这些话中有多少是你曾对自己说过的？

“我不会讲故事。”

这个问题很容易解决，因为这种说法明显是错误的。你当然会讲故事。如果昨晚你和家人或朋友一起吃饭喝酒，你一定会在餐桌上讲故事，然后他们也会加入进来，再讲一些故事。你甚至不用思考，故事就在你的嘴边，因为故事是我们的大脑用来理解世界的自然操作系统。你要做的只不过是把自己所拥有的这种人类最擅长的能力发挥出来，使其更有目的地为你所关心的工作服务。

“我不擅长在公开场合演讲。”

你不需要擅长演讲，故事速写过程并不是为了培养你的演讲技能。我见过有些人在讲故事的时候，声音因为紧张而颤抖，也会因为英语是他们的第二语言而感到费力，但他们仍然达到了预期的效果，原因就在于他们在正确的时间讲了正确的故事。你也许会觉得，让自己成为演讲者一定会对你的个人发展有好处。这的确是一个非常有价值的自我投资，但它不是故事速写过程的重点。故事速写主要是通过传播影响深远的故事，让人们朝着你预期的战略结果前进。

“我不想让自己听起来像是在表演。”

我经常听到这种说法，我们都不想让自己的故事听起来像假的，或者像一场夸张的表演，或者像在背诵剧本。我合作过的一位法国主管甚至对我说：“我们不想看起来像美国人！”对许多人来说，“讲故事”这个词意味着表演，但我所说的“讲故事”并非如此，它是用你最真实的声音来谈论对你最重要的事情。你讲故事时绝不会像在表演，而只是展现真实的自己。更进一步说，我所说的“讲故事”是一个自我释放、自我发现的过程，也是一个不断增强领导力话语权的独特过程。

“我没有好故事可以讲。”“我想不出可以讲的故事。”

这是一派胡言，你身上满是故事。每个夜晚，当你躺在床上沉沉睡去的时候，你的大脑会不断地给你讲故事，根本停不下来。你的问题并非在于没有故事可讲，而是故事太多，你不知道应该选择哪些故事，下一章的内容将对你非常有用。

“我明白你的意思，但我的老板、客户、合作伙伴相信数据，而且他们没有耐心去听故事。”

人们错误地认为“相信数据的人不愿意听故事”。其实，数据就是故事，而故事也是数据。我曾听一位理论家这样说：“故事是拥有人类灵魂的数据。”当你给我展示像下图这样的财务数据分析图时，我问你：“为什么这两个数据点之间曲线跌落幅度这么大？”你一定会用故事来解答我的疑问。我们需要给数据赋予意义，所以，所有数据的背后总可以蕴藏着一些故事。

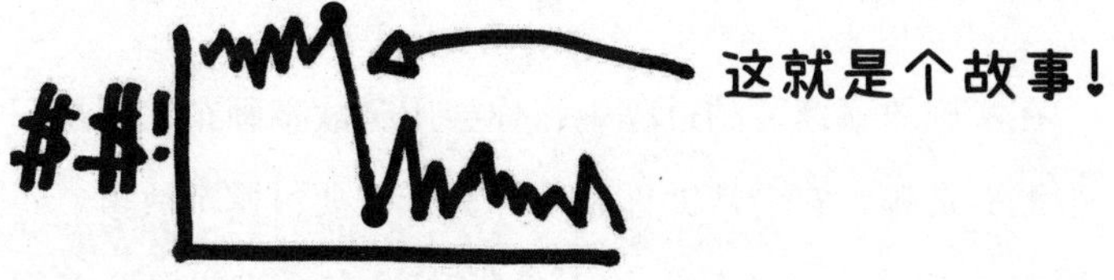

也许你那位个性强硬、态度严肃、推崇数据的老板或客户真的对漫无边际、无关紧要的故事没有太多耐心。他们希望你能直奔主题，在这种情况下，你还是应该讲故事。故事速写在这方面也会对你有所帮助。

“讲故事太浪费时间了。”

如果你按照正确的方式来讲故事，就不会浪费时间。当你去看电影的时候，一个故事往往需要 90 分钟或者更长的时间才能讲清楚，但这与我所说的讲故事不同，因为我们去看电影就是为了娱乐消遣；而讲故事是为了在叙述结构完美的故事的同时，能够让观众的观点、行动与我们的保持一致，并展现我们的领导力。

我发现许多极感人和极具说服力的故事往往只需要一两分钟就可以讲述清楚。事实上，有一种方法可以在短短 5 秒钟内达到那种效果（具体请参见后文的“5-30-90”法）。

在实施故事速写的过程中，你会用到故事画布，这是一个很酷的资源，它会帮助你阐明你为什么要讲这个故事。一旦明白了这一点，你就会惊奇地发现根本不需要那么多细节，你的故事也可以达到预期的效果。

“我不想过度煽情，这不是我的风格。”

我知道，一些领导者喜欢维持坚忍的外在形象。他们不想因为讲故事而使自己显得“过于煽情”，毕竟故事本身就是一个情感的容器。但是，表现情感和讲述情感是有本质区别的。我见过有些领导者讲的故事非常感人，淋漓尽致地展现出团队成员勇往直前、鼓舞人心的壮举，但是他们的表情自始至终没有丝毫变化。即便如此，他们的故事仍然可以产生强大的影响力，深深感动每一位在场人员。所以，讲故事并不是要求你改变自己的声音或风格，而是放大故事的效果。

总而言之，故事速写的工具、框架和过程能帮助你讲述具有战略性、说服力和明确目标的故事，有利于你与观众建立密切联系，明确传达信息，并最终达成合作。这不仅会真正增强你的领导力话语权，同时也能打动他人，使他们相信你并愿意与你合作，完成你的愿景，而你能实现这一切只不过是因为发挥了一种与生俱来的能力而已。

为了实现这一目标，你需要在故事速写的过程中冒一点风险。让我们看看真实的你，让我们相信你。

做好讲故事的准备工作

故事速写方法建立在一套独特的资源和框架之上，这是经过近 20 年的测试和实验最终获得的成果。在实施这个方法的过程中，你所需要的大部分内容都可以在本书中找到，书中还提供了一些其他内容，它们可以为你的故事速写之旅带来更加丰富的体验。在开始之前，我们一起看看你需要准备的一些材料吧。

故事速写卡

你可以在本书附录 A 中找到 6 张故事速写卡。请把它们复印出来，在下一章就会用到它们。

领导力故事卡

领导力故事卡是一套卡片，也可以单独使用，这套卡片包含了几十个故事想法，可以用在你的工作中，也可以用于各种团建活动。很多领导者都喜欢这些资源，因为对于那些不知该从哪里开始讲故事的领导者来说，这就相当于一小套答案。

领导力故事卡与故事速写卡的设计和用途是一样的，只不过前者的卡片数量更多，功能更加强大。领导力故事卡可以帮助你进一步确定故事速写过程的特定目标，比如创新工作方式、实现销售目标、制订销售策略等。如果没有领导力故事卡也没关系，6 张故事速写卡足够用了。这 6 张卡片将为你指明开始的方向。

故事画布

故事画布可以为你构思故事提供一个独特的可视化框架。它相当于一张思维导图，通过思考故事的各个要素，帮助你完成一则极具吸引力的故事。使用故事画布来构思故事的领导者都表示，通过这种方法，他们的故事所传达的信息具有更大的影响力。

本书第 3 章介绍了故事画布的一个小版本，欢迎大家复印使用，但是，要想达到最佳效果，最好能为每一位团队成员打印出大版本的故事画布，A3 纸张的尺寸正好。

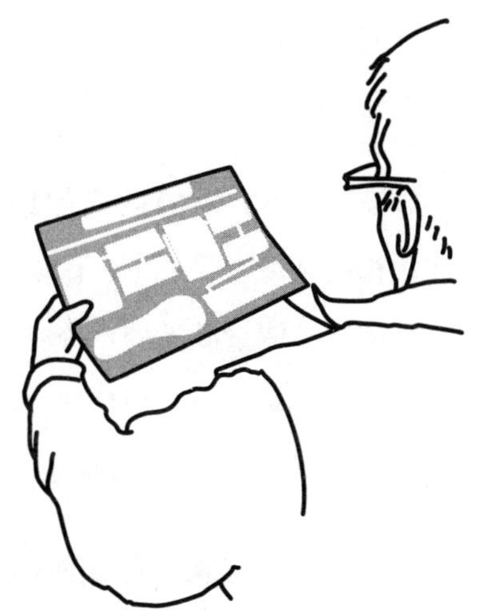

故事画布

其他材料

你还需要准备一些笔和一些黄色的便利贴，最好选用正方形经典款的便利贴，这样更适合贴在故事画布上。如果能再准备一些咖啡、健康的零食或其他食物就更好了，因为你的大脑在整个过程中会努力工作，消耗能量。因此，我们必须保持身体能量的平衡。

千万别忘了你的团队成员！你可以单独完成这个过程，但作为一个团队活动，故事速写是一个由团队成员共同参与的创造性过程，可以强化团队成员之间的联系、明确共同目标。请注意，本书附录 C 中包含的相关指导建议，可以帮助实施者以小组形式开展故事速写。

你当然可以在一间没有窗户的会议室的桌子上实践这一方法，但如果有一个更加放松的环境就更好了。比如一个灵活的创作空间，或者在充满阳光、能量满满的户外空间。在这样的环境中，人们可以轻松地实验、完全地信任、尽情地玩耍、专注地自省，这一切对整个体验有莫大的益处。

这就是你需要准备的一切。是不是很快？我说的没错吧？

我想说的最后一件事就是：本书中所描述的内容是用来体验的。我诚挚地邀请你参与这个过程。你只有真正做了练习，才能获得故事速写的经验和知识，达到你期待的学习效果。

如果你读了本书后只是在脑海中想象整个过程，那你就会错失这个方法的丰富内涵及其带来的微妙变化，因为只有通过一步一步的亲身体验，才能发现其中的奥秘。因此，我建议你至少单独经历一次这个过程，这样，你就会有一定的经验基础，从而带领你的团队成员完成整个故事速写过程。

各位读者，准备好讲故事了吗？让我们开始吧！

第2章

步骤一，故事挖掘，发现你的故事资产

STORY DASH

和我认识的许多智慧的人一样，史蒂夫 · 丹宁（Steve Denning）内心有一个非常迫切的想法，但似乎没人在乎。

那是在 20 世纪 90 年代，当时丹宁是世界银行集团的一名经理。他是“知识管理”[①]这项新的组织能力的早期倡导者。他希望世界银行集团在知识管理方面能占据领导地位，因此他去世界各地演讲，希望各地员工能共同努力实现这个愿景。然而，尽管他使出浑身解数，也没能激起员工对这项新能力的丝毫热情。他说，大家觉得这个新想法“太奇怪，难以理解”。

① 组织内部对知识资源进行收集、整理、储存、传播和应用的过程，旨在提高组织的效率和竞争力。——编者注

有一天，丹宁改变了他的演讲方式。他没有像往常一样，一开始就展示数据，而是先讲了一个故事。这则故事收录在他写的《故事激发行动》（*The Springboard*）里。下面就是当时他讲的故事：

> 去年6月，赞比亚一个小镇上的一名医务工作者访问了疾控中心的网站，获得了一个关于治疗疟疾的方案。大家不要忘记，这是在赞比亚——世界上最贫穷的国家之一。但是，对我们来说，这件事情最超乎寻常的地方在于，我们世界银行集团居然完全没有提供任何信息！尽管我们拥有各种应对贫困问题的专业知识，成千上万迫切需要这些知识的人却无法获取它们。试想一下，如果赞比亚人能获得这些知识，那该多好啊！如果能实现这一点，我们将会成为一个怎样的组织？

这则故事简短明了，不到1分钟就讲完了。但它像星星之火，点燃了员工的“思想烟花”。大家开始不断提问：“你说我们世界银行集团目前没有这方面的功能？为什么我们不去开发一下？为什么我们不做出努力？”突然间，那个难以理解的想法就成了热门话题。“赞比亚的故事”就是一个“跳板”，它打破了人们传递信息的固有体系，让人们踏上了思想变革之旅。如今，世界银行集团已成为现代知识管理运动的全球领导者之一。

这一切似乎顺利得令人难以置信，不是吗？丹宁说，多亏了“赞比亚的故事”。

“按照你的说法，我只需要讲一个故事，就可以改变人们的整个情感系统？”你心中一定存在这样的疑问，但我目睹了这一切的发生。

首先，通过讲故事来激发人们的情感，的确会产生巨大的效果。但这个过程不像训练巴甫洛夫的狗那样简单，实现预期的目标得益于很多因素：适当的技巧、明确的战略意图、与其他组织密切的工作配合以及坚持不懈的努力。你必须讲述一个最恰当的故事，而这一切必须从精心挑选故事开始。

其实，挑选恰当的故事不像看起来的那么简单。正因为丹宁成功了，“赞比亚的故事”听起来才非常完美。毫无疑问，在当时的场合，他的确应该讲这个故事！这个故事确实很有效！因为它清晰明了、简单易懂，是吗？其实不然。你必须运用逆向思维，一开始就明确你或团队希望达到的结果。对丹宁来说，他希望的结果如他所言："我希望人们相信，新兴的知识管理能力对我们的未来发展至关重要，但我们现在不具备这一能力，因此应该从现在开始立即着手，培养这项能力。"

确定清晰的目标很不容易，而接下来要做的事情会更加困难："什么样的故事既令人信服，又充满生活气息和紧迫感？"到这里，大家往往会再次陷入困境。请你阅读并思考下面的问题。

- 在你工作或领导团队的过程中，哪些部分需要通过影响人们的"情绪系统"来提高参与度并增强信念？你希望人们在感动之余采取什么行动？
- 有哪些故事可以促使人们采取行动来实现你所期望的结果？

面对上述问题，你是否感到无从下手？不用担心，因为这正是我为了帮助大家实施故事速写而设计的第一个干预点。让我带你一起开始故事挖掘吧。

故事挖掘的 3 个原理

挖掘故事就像寻找金子一样，要想找到有价值的故事，你需要在“河流”中淘金。在这个比喻中，所谓“河流”就是你和你的同伴的想法，是你们不断涌现的人生经验，它以故事的形式储存在每个人大脑的深层神经网络中。

从某种程度上来讲，这是一个数字游戏。我们总想找出很多故事。当你开始挖掘故事时，你会发现许多故事“相当不错”，但其中只有少数几个会像丹宁讲述的“赞比亚的故事”一样令人信服，且完美地契合预期目标。由于这些故事带来的效果很棒，所以你会一遍又一遍地讲述。我之所以把这些高价值的故事称为“故事资产”，是因为当你找到一个这样的故事，你就会感到自己好像发现了一大块闪闪发光的金子。

现在我们就要挖掘你的故事资产。你需要使用一系列卡片，选出与你的工作最相关的故事。这个过程很有趣。大体上，它的工作流程是这样的。

首先，请你筛选出几张与你想要实现的目标最契合的特定卡片。

然后，这些卡片会帮助你回想起某些特别的故事：“哦，这让我想起了那个时候……”你要为每个故事添加一个简短的标题，并将它们分别记录在便利贴上。

最后，要注意这一阶段要关注的是故事的数量，而不是质量，我们之后把它们打造成完美的故事。目前，我们要努力挖掘大量你没有意识到的故事。

这就是大致的流程。是不是很简单？现在，让我们使用领导力故事卡，挖掘一些你特有的故事资产吧！

找出你的故事

小组中的其他人都低着头，在便利贴上快速地写着自己的故事的概要，只有伊丽莎白呆呆地凝视着窗外。我走过去，坐在她旁边，问道：“伊丽莎白，你怎么不写呢？”我已经猜到她接下来会说什么了。

“我想不出任何故事。”她说。

果然，和我猜想的一样，但我觉得事实往往会出人意料，伊丽莎白的故事很有可能是这个房间里所有人的故事中最精彩的。伊丽莎白是一家总部位于巴黎的环球消费品公司的项目负责人，她的团队主要负责减少产品包装所使用的材料，并改善公司的环境足迹[①]。这个项目真是太酷了！然而，她的团队遇到了瓶颈。他们最近的任务是推动产品包装的变革，但这一变革在整个公司内部没有得到任何支持和响应。

现在，伊丽莎白说她想不出任何故事。这不是伊丽莎白个人的问题，而是每个人都会遇到的。因为通常没有人会专门引导我们去“回忆关于某个主题的故事”——而我会要求参与者这样做，这往往会让参与者感觉非常不自然。虽然我已经指导大家讲故事很多年了，但面对该讲什么故事，我也仍然会纠结。

---

① 环境足迹，又称生态足迹，是人类对地球生态系统需求的衡量指标。——编者注

这正是故事速写过程以战略选择为起点的原因。我们应该讲述哪些故事呢？我们该如何筛选出能够创造价值的那部分经历和记忆呢？我的工作重点就是回答这个问题。

看到如此多的领导者为此冥思苦想，我不禁开始寻找确定故事的简便方法。我从世界各地的领导者口中听到过成千上万的故事，我发现他们的故事都有一定的“套路”，而相同类型的故事在某些特定情境下会一遍又一遍地不断出现。

例如，在培训销售和营销团队时，我发现销售人员会一直讲述某些特定类型的故事；在培训创新团队时，我又发现另一类的故事在那种特殊情境下似乎格外有效。此外，还有一些故事，它们只适合某种特定的文化背景、身份特征、营销战略等。现在，我根据无数次的培训经验总结出一些特定的模式，它们特别适合帮你打造领导者的个人话语权或企业家的个人品牌。

多年来，我记录下这些模式，并按照不同的故事类型将它们进行分类整理。在培训的时候，我会把这些“套路”打印在小卡片上，以激发客户的灵感，帮助他们轻松发掘出自己的故事，而领导力故事卡的效果立竿见影。客户们非常喜欢那一小盒答案，感觉像是找到了发掘故事的秘密捷径。

领导力故事卡

如果你已经有全套的领导力故事卡，请将故事速写卡的6张卡片暂时放在一边，找出与图2–1相似的带编号的卡片。故事挖掘的关键就是这一系列卡片，这些卡片上记录着可能与你的工作相关的故事。

故事速写卡和领导力故事卡的格式相似。每一张卡片正面的顶端都描述了故事类型及使用场景。图2–1所示的这张卡片是整套领导力故事卡的第一张，它的标题是“有信念的领导”。

在领导力故事卡中，每张卡片正面的下半部分都有一系列提示，帮助你发掘自己的故事。在每张卡片背面，都有一个例子供你借鉴、开拓思路，如图2–2所示。而6张故事速写卡的格式略有不同：每张故事速写卡上只有一个提示问题，以引导你对相应的故事进行深入思考。

1

有信念的领导

“我在这里是有原因的。”

对你来说，你所做的这份工作不仅是生意，也是你的个人经历。你在这个项目中是因为你相信它。

让他们投入到你的故事中，知道你就是这样的人，让他们明白你所感受到的紧迫感。

你的信念是会传染的！

1 以前，我遇到过这个问题 / 知道其他人遇到过同样的问题。

2 使用当前可用的工具、解决方案、资源后，我 / 他们遭受了这种负面的或痛苦的结果……

3 我说，这是不能接受的，更是不该发生的。

4 今天，我在这个团队 / 项目中发挥了作用，因为我把它与我之前的经历直接联系起来。

5 对我来说，这不仅是钱的问题，还是有更深层的驱动力。我认为我们正在做的事情很重要（或其他结论）……

描述故事类型，以及使用时间

领导力故事卡的作用是帮助你开发故事的专有版本。

图 2-1　“有信念的领导”卡（正面）

一个有信念的领导者的例子：

“我需要数据来挽救她。”

我最初是一名医护人员。我还记得我在救护车上的第一个晚上。当时我只有23岁，急救中心接到了一起车祸的报警电话。

车祸中，一个女孩的车翻进了水沟，她失去了知觉。我们竭尽全力去救她，却因为找不到任何关于她的健康信息而无法给她输血或用药。当我翻找她的钱包以获取一些信息时，她死了。

如果当时能够得到她的健康数据，我们就可以挽救她的生命！每次想到这里，我就非常懊恼。所以，我重回校园，攻读医疗保健信息学硕士学位。

我之所以加入这个团队，是因为这些人和我一样，都迫切地想为医疗保健行业提供信息服务，以便医护人员可以及时实施治疗。

在刚入行的那个晚上我没能帮到车祸中的女孩。但是，从那以后，我们已经帮助了很多人，我希望和这个团队一起帮助更多的人。

将卡片翻过来，读一读其他人的故事。

图 2-2 “有信念的领导”卡（背面）

你可以感受一下这些故事，这些都是我听参加培训的领导者讲过的真实故事。当然，为了保密，我更改了故事中人物的姓名和一些细节。背面的这些例子作用很大。当人们一张一张慢慢地浏览这些卡片时，他们可能会突然停在某张卡片上，想："这类型故事非常契合我的任务目标，但是我想不出任何类似的故事。"如果你发现自己有这种想法，那就把卡片翻过来，读一读背面的例子。

当有人在餐桌上讲故事时，其他人可能会忍不住插话："我也有一个类似的故事！"那是因为刚才那个故事激活了人们大脑中的故事网络，仅仅是听别人讲故事也会增加自己开口的概率。你也许会说："等一下……你的故事让我想起了那次……"当你毫无头绪、一筹莫展的时候，你的大脑已经为你检索到了一个故事。一起来试一试吧，你会发现从记忆中提取故事其实很容易。

6 张故事速写卡

如果你没有领导力故事卡也没关系。我已经为你挑选了 6 张故事速写卡（见图 2-3），这些卡片可以解决你遇到的管理方面的难题，这些卡片背后的 6 个故事能让你走得更远。

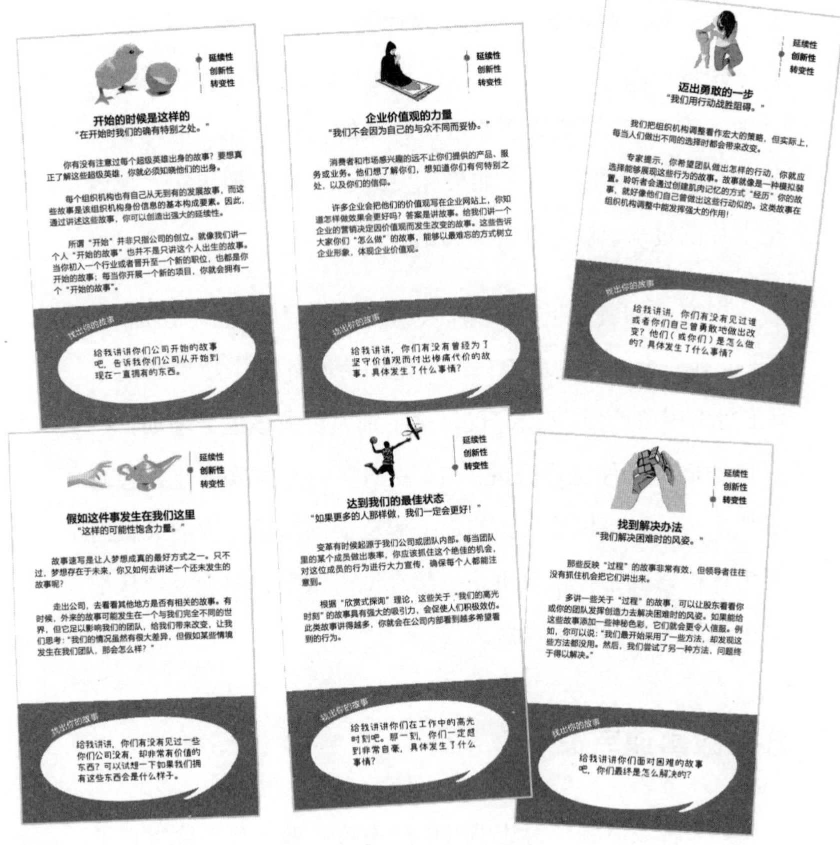

图 2-3　6 张故事速写卡

我选择这 6 张卡片是基于一种被称为“欣赏式探询”[①] 的组织发展理论，它是通过故事促使组织机构发生变革的一种非常有效的方法。而这种方法又基于一个非常有趣的观点：如果我们不断地把积极的形象和故事呈现在组织前，那么组织就会自然而然地朝着这个方向发展。欣赏式探询理论的创始人之一大卫·库珀里德（David Cooperrider）博士指出，所有组织系统都包含领导者必须关注的 3 项基本需求：延续性、创新性和转变性。

这些需求是你提高领导力的基础。毕竟，作为一个领导者，你的职责就是面向未来，告诉每天在大大小小的事务中忙碌的员工：“这条路就是我们要走的路，大家跟着我一起前进。”如果你只是强硬要求员工变革，他们基本都不会愿意，但如果是讲故事，你就可以调动员工的情感系统，从而加快变革的速度。

接下来，我们一起来看看这些延续性故事、创新性故事和转变性故事，它们会对你的工作产生重大的影响。

---

① 是一种以积极激发、动员、探询优势为导向的组织发展和变革的管理方法。——编者注

延续性故事

延续性故事涉及你的核心原则、价值观和身份。它们在你的世界里变化得非常缓慢。大多数时候，追求变革的领导者应该尽量少改变这些领域的现状，因为你的下属不愿因为你的改变而使自己陷入自我认同的危机。即使你要带领他们迈向一个大胆的未来，你也要向他们保证“有些事情是不会发生变化的”。在那 6 张故事速写卡中，前两张卡代表着延续性。也许你会立马意识到它们与你现在手头的工作有什么关联。

开始的时候是这样的：“在开始时我们的确有特别之处。”

企业价值观的力量：“我们不会因为自己的与众不同而妥协。”

创新性故事

创新性故事是“新的部分”。在这个环节，你要激起人们的好奇心，帮他们树立梦想。在这个环节，你要打破平静，挑战传统的、常规的做事方式。在讲述这些故事时，你可以说：“我想向诸位展示一种未来的可能性。试想一下，如果未来的世界看起来是这样的……”这些着眼于未来的故事正是领导力和创新工作的核心。“赞比亚的故事”就属于这一类。下面两张卡片可以帮助你打造创新性故事。

假如这件事发生在我们这里：“这样的可能性饱含力量。”

达到我们的最佳状态：“如果更多的人那样做，我们一定会更好！”

转变性故事

转变性故事涉及“过程部分”。在这个环节，你要讲述一些在向梦想中的未来迈进时所取得的点滴进步和相关的故事。转变性故事要展现我们解决困难时的风姿、强大的适应能力，以及从错误中恢复、学习、成长的勇气。这些故事告诉人们“怎么做”，但我发现领导者往往抓不住讲述这些故事的机会。你应该把这些故事讲给你的客户，让他们了解你们背后的故事，看看团队如何应对困难。简而言之，就是让客户看看你的能耐！下面两张卡片可以帮助你找到转变性故事。

**迈出勇敢的一步**："我们用行动战胜阻碍。"

**找到解决办法了**："我们解决困难时的风姿。"

现在，选择几张卡片用于挖掘你自己的故事。4 张或 5 张卡片就可以了，挑选方法有很多。

如果你愿意，你可以一张一张地浏览这些卡片。如果你只有 6 张故事速写卡，那么你可以快速地完成此项操作。但如果你使用的是领导力故事卡，那么你就需要多花点时间慢慢看。

在翻阅每张卡片时，问问自己：这样的故事对我手头的工作有帮助吗？如果你的回答是“可能有”或者“我还不确定”，那么这张卡片就应该暂时保留下来。把卡片按照“保留”和“丢弃”归类，最后就筛选出一部分有用的卡片了。

你也可以使用信息构建卡聚焦你的选择。领导力故事卡中有一些特殊的卡片可以帮助你缩小选择范围，即灰色的信息构建卡（见图 2–3）。

图 2–3　信息构建卡

这些信息构建卡，理论上可以用于应对以下不同的情况：销售商品或创建品牌；鼓励人们实施新策略或尝试新的可能性；构建一种文化或树立团队形象；推进创新；分享知识或打造学习型组织；树立个人的领导力话语权或构建创业者品牌。

请挑选出那张最有助于解决你当前工作中所面临的难题的信息构建卡。每张信息构建卡都会提供 4 个构思故事的建议，这些故事对于实现卡片上方标识的目标非常有效。从领导力故事卡中抽出这些卡片，仔细看一看，你会发现卡片的底部也提供了五六个可行的想法，这些想法同样值得你认真考虑。

伊丽莎白在挖掘自己的故事时，就使用了领导力故事卡。她被一张信息构建卡所吸引，卡上写着“鼓励人们实施新策略或尝试新的可能性”。显而易见，这张卡片太契合她正在进行的减少包装垃圾的项目了。

伊丽莎白很喜欢那张卡片上的建议。翻阅了其余卡片后，她又找到了几张适合她的卡，此外，她还有 6 张故事速写卡。她仔细研究了一下这些卡片，最终决定选择图 2-4 中的 2 种类型的卡片，一共 5 张。其中，3 张来自领导力故事卡，2 张来自故事速写卡。她认为这些卡片可能有助于她们公司顺利推进减少包装垃圾的项目。

图 2-4　伊丽莎白选择的卡片

然后，伊丽莎白把卡片按上面的顺序排列起来，故事之间相辅相成，共同传递出强有力的信息：

- “有信念的领导者”引导她可以说明自己为什么有动力去领导这个项目。
- “行动中体现的价值观”提示她可以说明减少包装垃圾实际上是公司最重视的理念之一。
- “假如这件事发生在我们这里”可以帮助她预测可能产生的结果。
- “产生效果的时刻”表明公司之前在减少包装垃圾上所做的努力，实际上公司已经取得了一定的成果，并鼓励公司继续坚持下去。
- “迈出勇敢的一步”指出公司职员只有在行为和态度上做出一些改变，才能在工作上取得成功。

此刻，伊丽莎白的展示演讲听起来已极具感染力了！现在轮到你了，动手选出你的卡片吧！

确定你的故事

独自构思故事这个环节非常有趣。

如果你们是以团队形式参与这个环节的训练，我建议每个团队成员先单独完成任务，这样在训练结束时，你们就可以将各自不同的故事进行比较。我敢肯定，你们一定会感到惊讶，因为有些人讲的故事你们从未听说过。

拿出选好的卡片，静静地思考，一次一张，时间控制在 7 ～ 10 分钟。看着卡片正面的说明，问问自己："我或我认识的人什么时候经历过这样的事情？" 如果你依然觉得无从下手，想不出任何故事，那就读一读卡片背面的例子，想想这些例子能否帮助你找到灵感。

如果你还是毫无头绪，那很可能是因为你过分专注于寻找“重要的”或“宏大的”故事，这种情况很常见，但其实，最合适的故事可能只在一个瞬间出现，比如是一次电话会谈，或者是团队成员在某次会议中的一个举动。稍后，我们将一起把这些“小”故事变得引人入胜。很快你就会发现，这些瞬间对实现你的目标可能会产生巨大的影响。

当你想到一个故事时，可以先给它起一个简单的标题，这个标题不需要多有创意，只要包含故事的基本信息就足够了。将标题写在便利贴上，每张便利贴上最好只写一个故事标题。

重要提示：此时此刻，先不要考虑如何讲述这个故事，那是后面环节的任务。现在，你只要把有关这个故事的想法写下来就好。即使这个想法还不成熟，故事也未完全成型，甚至你还不相信这就是那个理想的故事，都没关系，最重要的是把你想到的故事写下来。

总之，尽可能多地获取故事灵感。你获得的灵感可能分布不均匀，有些卡片可能会让你想到多个故事，有些卡片可能会让你想不出任何故事。这种情况很常见，不用担心。记住，我们追求的是整体数量，因此大家不用顾虑想到的故事是否分布均匀。

故事挖掘过程

1. 选择四五张与你的项目相关的卡片，再将选定的卡片呈扇形摆在面前。

2. 单独完成，静静地思考 7 ～ 10 分钟。

3. 看着每张卡片，询问自己：“我或我认识的人什么时候经历过这样的事情？”

4. 相信“小”故事的力量！不要落入追求“重要的”或“宏大的”故事的陷阱。

5. 当你想到一个故事时，先确定它的标题。将标题写在便利贴上，然后将纸放在卡片旁边。

6. 追求数量，尽可能多地获取故事灵感。

7. 不要试图捏造故事。

8. 如果你们是以团队形式参与的，那么请等到其他成员完成这项任务后，再将各自想到的不同的故事进行比较。

你觉得这个环节怎么样？这个练习难吗？

有些人可以毫不费力地挖掘出大量故事，有些人绞尽脑汁才能想出一两个故事。对于一些人来说，从记忆和经历中寻找故事并将其呈现给观众是一项全新的技能。这种练习一开始可能会令人感到尴尬和拘谨，就像常年不锻炼的人突然开始锻炼，肌肉会有不适感一样。

你是否曾落入追求“重要的”或“宏大的”故事的陷阱，而不屑于讲述那些平常的“小”故事？这可能是一种缺乏自信的表现，你也许会这么想：“没有人会愿意听我讲这些琐事。”此时，恐惧又开始在你的心中蔓延，你担心你的故事不够吸引人。稍后，当我们构建故事时，你会惊讶地发现那些“小”故事也拥有强大的能量，可以引导人们朝着你想要的结果前进。

随着时间的推移，当你用“故事镜头”观察世界时，你会发现挖掘故事变得越来越自然，就像锻炼后的酸痛的肌肉会变得更加强壮一样。你开始觉得周围全是值得讲述的故事素材，你还会发现自己越来越关注团队互动和客户体验，随时随地都会思考：这是一个非常棒的故事！我以后要把它讲给别人听，有一个团队需要听这个故事……

祝贺你收集到很多有用的故事素材！看吧，我说过，你一定有故事的！当你浏览卡片和便利贴时，你甚至会和伊丽莎白一样，很自然地分辨出故事的先后顺序，并知道如何将它们有效地组合在一起，形成极具感染力的展示成果。大家暂时先了解一下我们接下来要做的事情，至于如何将故事组合起来，我们会在第 5 章具体讨论这个话题。

我们的故事速写过程进行得非常快，现在大家可以抓紧时间喝杯咖啡，吃些点心，休息一下，因为稍后我们就要卷起袖子，大干一场，将所有的灵感变成真正的故事！

趁着现在休息的时间，我想给大家讲一个伊丽莎白的后续故事。几个月前，我正在一家咖啡店办公，收到了伊丽莎白发来的一条消息。是的，我所说的正是那位想不出任何故事的伊丽莎白。她的邮件主题是“后续”。

她的信息很简短：“你好，戴维！你应该还记得吧，我参加了你去年在巴黎郊外举办的讲故事培训。我发这条信息就是想告诉你，培训中讲到的那些故事对我产生了非常大的影响。现在，我总喜欢从‘海滩上的尼古拉斯’这个故事讲起，你还记得这个故事吗？当我讲这个故事的时候，每个人都听得聚精会神，就像被施了魔法一样。谢谢你的精彩培训！”

我当然记得“海滩上的尼古拉斯”这个故事。它是基于领导力故事卡中的第一张“有信念的领导者”而产生的，是整组卡片中感染力较强、灵活性较大的故事卡之一。伊丽莎白把“我为什么在这里”的故事任务运用在这个故事中，将这个故事和自己负责的减少包装垃圾的项目联系起来。之所以这么做，是因为当你讲述“我为什么在这里”的故事时，人们能够看到你的信念。在人与人的沟通过程中，信念是可以进行转移的，所以你的信念就变成了观众的信念。

这真是不可思议，当伊丽莎白来参加培训时，她并不愿意讲述她的故事，而如今她却热衷于讲述“海滩上的尼古拉斯”这个故事。故事是这样的：

> 去年夏天，我和我的家人去了波蒂拉涅斯的海滩度假，那是法国南部我们最喜欢的海滩之一。我和丈夫正享受着这片沙滩的好风景，8 岁的儿子尼古拉斯跑向我们，他在冲浪时把衣服弄湿了。我们问他：“你手里拿的是什么？当时，他手里正拿着一块被冲到岸边的塑料，那是我们公司一种产品的塑料包装盒。虽然它被海藻缠绕，但我依旧能看清公司的标志。我永远忘不了尼古拉斯眼中透露的失

望，他对我们说：“如果这个塑料包装盒是被海浪冲到岸上的，那海洋里还有多少这样的塑料包装盒呢？”我能感觉到尼古拉斯心中的那种失望，那一刻，我觉得我们公司就像个“罪魁祸首”。所以，对我来说，减少包装垃圾不仅是“生意”，也关系到个人利益。在确保留给我们的后代一个没有这些包装垃圾的世界之前，我永不会止步。

这个故事总能让整个房间安静下来。我记得伊丽莎白曾自我怀疑地说道：“这个故事会不会有些过了？内容是不是太关注个人了？”众人立即肯定地说：“怎么会呢？这个故事一点都不过分！这个故事非常精彩。你必须在项目中讲述这个故事！”在那一刻，我看得出伊丽莎白还没有被说服。我记得她曾担心“罪魁祸首”这个词可能过于尖锐，但她的团队恰恰认为这个词可能是吸引人的一大亮点，值得一试。

她能改变想法，鼓起勇气讲述这个“具有魔法”的故事，我感到非常欣慰。不仅因为我的故事培训提升了她的领导能力，促成了项目的成功，还因为故事培训对我们共同的未来，以及数百万像尼古拉斯这样的孩子都产生了重要影响。

第3章

步骤二，故事画布，构建有影响力的故事

STORY DASH

我看得出赫玛很紧张。站在这样一群观众面前，我可能也会紧张。她的观众是一群高级管理者或合伙人，绝大多数都是男性，来自亚洲、欧洲和美国各州。虽然她紧张得连声音都有点颤抖，双臂紧紧交叉在胸前，摆出一副自我保护的姿态，但是她说的话却令人格外振奋。

多年前，“非典”对印度班加罗尔的设备制造业造成了严重的影响。这些领导者看到了资产负债表上那可怕的数字，知道“非典”给公司带来了多么大的经济损失，但他们从来没有站在赫玛所讲的故事角度分析过“非典”带来的影响，也从来没有听说过这样的故事。

赫玛向这些领导者详细描述了她所在的班加罗尔团队

为应对当时的危机而付出的努力。当她的团队关闭设备制造厂时，团队成员遭受了来自周围社区的排斥、羞辱、恐吓、威胁。他们不得不将自己隔离在工厂内，远离家人，甚至将自己的生命置于危险境地，这一切都是为了防止设备被毁坏。

讲述这个故事时，赫玛的声音很小，小得就像在说悄悄话，然而房间里的每个人都屏住呼吸，身体前倾，被团队成员表现出的忠诚和坚忍深深感动，在场的一位领导者甚至在偷偷地擦拭眼睛。

后来，我问她当时感觉怎么样，她坦言道："我的心脏一直在怦怦跳。"但她脸上灿烂的笑容告诉我，她为自己成功地运用领导力话语权而感到自豪。她知道自己的故事给这个房间里的人带来了巨大的改变。

事实上，在场的每个人都意识到了这一点。他们在事后讨论这一现象时，其中一位领导者这样说："我可以感觉到在某个时刻，我们的内心发生了变化。"其他人也纷纷点头表示认可。这个故事的影响不止于如此。我有一种感觉，这个故事会在整个公司传播开来，而事实的确如此，人们都在讨论赫玛讲的这个故事。赫玛的故事帮助班加罗尔团队重新获得了公司高层的支持，公司同意对位于班加罗尔的工厂再次进行投资，帮助其购买制造设备。

这个故事让我印象深刻，至今我仍然可以清楚地记得自己当时在现场的感受。你是否有过类似的经历，你被他人的故事深深吸引，从而感到自己不知不觉地发生了改变？神经科学把这种现象称为“神经耦合”（neural coupling）。你可以在脑部扫描图像中看到神经耦合现象。

如果我在赫玛讲故事时对她的大脑进行脑电图扫描，我们会看到她的大脑被神经活动激活，进而兴奋起来。而如果在赫玛讲故事时，我对那些观众的大脑进行扫描，我们会看到他们的大脑会以一种几乎相同的模式兴奋起来。从某种意义上说，他们的大脑会发生改变，变得像赫玛的大脑一样。讲故事的人和听故事的受众在一个关键时刻，因为神经耦合而紧紧联系在一起。

数据并不能让交谈的双方产生这种联系，无论演示文稿做得多好也无法创造这种联系，只有带有情感的故事才能创造这种神经耦合。

我的同事迈克尔·麦克雷（Michael McRay）总喜欢对我说一句老话：“两个人之间最短的距离就是一个故事。”那一瞬间人类之间的强大联系正是我们追寻的目标，也是我们获得的奖励。而我们所做的所有工作都只是为了一个简单的想法：我们希望将这种强大的“神经耦合”带来的联系应用到自己所做的重要工作中去，在工作中的更多环节发挥作用。

赫玛的成功并非偶然，故事每一个细节都是她经过深思熟虑，在前一天的“故事速写”活动中就已经计划好了的。面对这样一群极具挑战性的观众，为了获得特定的结果，赫玛特意选择了分享个人经历的方式。她讲述这个故事就是一种战略性行为。

你可能已经注意到了，从本书开头的波士顿团队的故事开始，我就一直在做同一件事情。当我邀请你参与故事速写时，我就一直在为实现特定的结果选择恰当的故事。（在附录 D 中，我透露了我是如何选择和定位这些故事，并用某些特定的方式吸引你参与其中的。）

那是我们故事速写的下一个目标。在故事挖掘的练习中，你已经找到了一些潜在的故事灵感，它们可能与你的工作相关。现在，我们要把这些想法加工成强大的故事，让人们每一次听到你讲这些故事，都能够与你产生神经耦合。

要做到这一点，我们就必须注意故事的结构。其实，实现神经耦合的方法并不神秘，我们团队已经总结出能够创造这种联系的故事应具备的要素。在本书中，我把这些要素告诉你，你可以把它们运用在你的故事里，这样你的故事也可以深深地吸引你的观众。

有句话我要先说明白，我在这里讲述的这些东西都不是新知识，也不是我发明的。人们长久以来都在讨论故事的构成要素。早在公元前 4 世纪，亚里士多德就在《修辞学》（*The Art of Rhetoric*）一书中讨论了故事的结构。书中的观点虽然有些老生常谈，但是，在现代创新环境中，这些观点又有了新的应用。

那么，产生神经耦合的故事应该具备什么要素呢？你可以在故事画布（图 3–1）上找到它们。

我想讲一讲那一次我
（或我们）……

背景　（时间、地点、人物）

我曾经……

问题　（内在或外在的欲望或

我/我们想……

但是……

（缺少资源、
遭受外部阻
缺乏信念）

情感数据/身体记忆

我/我们感到……

生气
挫败　厌烦　抵触
厌恶　愤怒
被冒犯

伤心
沮丧　失望　气馁
后悔　悲观
幻想破灭
悲痛

快乐
开心　欣喜若狂
宽慰　兴高采烈　兴奋
高兴　感激　激动
满足　愉快
得意

害怕
焦虑　脆弱　紧
拘谨　不安　困

受伤
遭到背叛　震惊
悲痛　被抛

图 3-1　故事画布

故事画布

行动　（你的选择）

于是……然后……

结果

最后……

你有没有用数据来量化这个结果（比如多少、多大、多快、多好或者定性数据）?

感悟 / 联想

现在我们知道了……/ 那就是为什么……

构建你的故事的结构

世界各地有数以千计的领导者都使用过故事画布来挖掘他们的故事资产。我一次又一次地见证了故事画布帮助他们提高了故事的质量，促使人们树立信念、积极参与、行动起来。在故事画布上直观地构建故事，会让你放慢速度，让你对“为什么讲述故事”和“如何讲述你的故事”这样的问题进行更深刻、更具战略意义的考量。

其实，我现在使用故事画布的方式与以前有所不同，因为随着时间的推移，故事画布的结构对我来说已经变得非常直观了，我可以非常轻松、快速地构建有效的故事。只要经过特定的练习，你也可以做到。

在故事画布上构建赫玛的故事时，我很快就重新发现了这个过程的挑战性、明确性和深刻的吸引力！你可以在图3-2中看到我在故事画布上的标记，你会注意到列出的这些细节与我实际讲述的赫玛的故事是一致的；你也会发现我在故事画布上构建的故事和我在这一章中实际讲的故事有一些出入。这是因为在讲述故事的过程中，有一些故事要素会发生变化。我们稍后会进一步讨论这个问题。

现在轮到你了。你需要在故事画布上构建一个属于你自己的故事，这是故事速写练习中的一个环节。

首先，你要选择一个故事。在故事挖掘练习中，你已经确定了好几个故事，现在只需择其一进行构建就好了，最好一次只构建一个故事。然后，回顾一下在故事挖掘练习中写在便利贴上的故事标题，选择一个你认为与目前的项目密切相关的故事，或者是极具潜力的故事，或者是对你个人来说需要迫切分享的故事。有时候，你会感到有一个故事自然而然地从众多故事中脱颖而出并呈现在你的面前，你确切地知道："这就是我要讲的故事。"

选好要在故事画布上构建的故事了吗？

开始之前，你还需要准备一些其他东西：一张故事画布，最好可以在 A3 纸上打印全尺寸的故事画布，这样的效果会更好；一些黄色的便利贴。另外，还需先快速浏览一下整个环节的框架结构，并了解框架中各个要素存在的原因。这是非常重要的。如果你以团队的形式参加练习，请与所有团队成员分享这些内容。

图 3-2　构建赫玛故事的故事画布

故事画布

行动
于是……

（你的选择）
然后……

她讲了她的故事
紧张／轻声细语，
极具感染力！“被
‘电’到的感觉”

管理者或合伙人
被感动了／擦拭
眼泪
“我们感到有些东
西改变了。”

班加罗尔的工厂
赢得新投资
赫玛的影响力
增强！

故事元素非常强
大并超越了糟糕
的“演讲风格”

“神经耦合”实例
相信故事卡！
动起来吧！

在画布上的“漫步”

第一步，简单地浏览一下整个故事画布。这些组成画布的方框是经过时间考验的构成要素，它们共同创造了我们所寻求的那种深层联系。

在我详细地逐一描述每个方框中的内容之前，你会不会觉得它已经有点像一个故事了？它不但很直观，而且让人觉得很熟悉。这种模式的故事你一定已经听过无数次，却从未厌倦。从古至今，人们对于故事的好奇和渴望几乎永远无法得到满足。

在这本书中，我一直在按照这种结构讲故事，但我猜你可能完全没有发现这些故事都有一个共同的结构。这是一种典型的结构，当你使用这种结构时，你的表达和故事内容都非常自然，甚至你和你的观众都丝毫感觉不到它的存在。

接下来，让我们一起漫步在故事画布上，看一看画布上的每个部分给了我们什么提示吧。

我想讲一讲那一次我（或我们）……

首先，你要做的事情是给你的故事定一个标题。你可以使用在故事挖掘练习中写在便利贴上的那个标题，也可以进一步修改之前的标题。我的故事的标题是“赫玛简单的故事为团队赢得了投资”。这个标题是不是很简单？没关系，这个标题只是为你自己而准备的，当你讲故事的时候，你不会说出这个标题。

为故事写标题是一个非常简单的行为，却能产生强大的效果。你满身都是故事，你的脑海中也蕴藏着无数的故事。当你给一个故事定好标题时，就好像从脑海中将这个故事提取出来，再在它的周围添加一个框架，把它变成一件艺术品，以便可以随时查看。

我们经常给故事命名，但从来没有注意到这一点。有一次，我到父母家里过节，当时我已经一年多没见过我的弟弟了，我们在餐桌上聊天："嘿，还记得小时候爸爸妈妈带我们去划独木舟的那次灾难般的旅行吗？"然后，我们就开始讲述我们各自对那个故事的记忆。那句"划独木舟的那次灾难般的旅行"有着非常重要的意义，因为这句话表明那段旅行的记忆变成了一个艺术品。当这段记忆被反复提及时，它将会成为我们赫钦斯家族的传奇和家族身份的一部分。我们越是频繁地分离记忆、命名记忆，就越容易在自己的大脑中建立起一座"故事银行"。

如果你从事的工作是有目的地识别和讲述有意义的故事，那么你工作的时间越久，你脑海中的"故事银行"的库存就越充实。你很快就会成为那种引人注目的领导者，因为你似乎总有一个故事，在任何情况下都能够与观众产生深度的联系。

如何画出你的故事

STORY DASH

- 标题不一定要有创意，只要能帮助你记住故事的内容就可以。不必在这个步骤上考虑过长时间。
- 注意，从故事画布上可以看出，你可以改变人称代词，也就是故事的主人公。这个故事可以是关于"我""我们""她""他们"的，可以是你的故事，也可以是别人的故事，但领导者关注更多的是“我们”，而不是“我”，所以你的大多数故事都应该是关于团队的。

我曾经……

我见过有些领导人站出来讲故事，但不知为何，他们讲的故事听起来不是那么回事。在我的一个培训项目中，有这样一位参与者，他站起身，走到小组成员前面，对大家说：“我一直都很重视公开的沟通交流，自从我开始在这里工作，开放交流就是我领导风格的一部分。我希望大家知道，我办公室的大门一直为你们敞开，任何人都可以随时到我的办公室来。只要你们愿意，都可以来找我聊一聊。我的故事讲完了！”

这不是一个故事。实际上，这只是一个很棒的想法，但绝不是一个故事。我经常听到这种故事。对一些领导者来说，如何带领观众进入一个故事空间似乎是一道难以逾越的鸿沟。但其实，这一点儿都不难。为了确保你讲的故事真的是一个故事，你必须听一听我最重要的一条建议：用时间短语和地点短语开始。在本书中，我已经这样做过很多次了。例如：

> 去年，在波士顿，我和珍妮特的团队一起工作……
>
> 几个月前，我正在一家咖啡店办公，收到了一条消息……

这种时间短语和地点短语很有说服力，它向人们发出一种信号，告诉人们我们正处于一个故事空间。试想一下，有多少次当你已经厌倦了观看演讲者没完没了的演示文稿时，突然他说："我想起了上周发生的一件非常疯狂的事情。当时我在机场……"这样的语言会立刻把你从倦怠中叫醒，我说得对吗？

此外，我想说的另一个重要因素是请设定单一的主人公，意思就是，你的故事应该是关于某个人的，而且只能是一个人。我之所以强调这一点，是因为我在与许多聪明的领导人合作时发现，他们会负责一些非常复杂的项目，所以他们讲故事时总喜欢这样说："我的客户是一家收益高达 40 亿美元的医疗保健机构。在市场竞争中，这家机构正面临着三个战略挑战……"

请注意，这种故事完全不会帮助我们获得想要的神经耦合。这是因为人们无法对机构产生共情，人只会与其他人产生共情。

如果你的故事真的与一个收益高达 40 亿美元的医疗保健机构有关，那该怎么办呢？我们可以用一个人去代表这个机构，使它人格化。

试试这样讲你的故事："昨天早上五点半，我还在家里，我的手机就开始嗡嗡作响，是客户拉吉打来的电话，他是商务智能部的高级副总裁，我心里就想，糟了，这一定不是什么好事……"

发现了吗？讲故事要从时间、地点和主人公开始。

- 给主人公起个名字，名字会让主人公更加真实。你从未见过史蒂夫·丹宁、伊丽莎白或者赫玛，但当我告诉你他们的名字时，很有可能他们的形象已经在你的脑海中浮现出来了。

- 用一两个感官细节来描绘一幅画面。我的同事迈克尔·麦克雷在指导一位项目参与者时说："当观众可以看到你的故事时，就说明你的故事产生作用了。"伊丽莎白的故事里提到，"当尼古拉斯在海滩上跑向他们时，他的身上湿透了"。这个细节对整个故事的进展来说很可能一点都不重要，但它可以让讲述者与观众共同创造一幅画面。你的大脑是不是已经看到了那个画面？同样，我说："当赫玛说话时，她的双臂紧紧交叉于胸前。"这个细节描写足以让你感觉自己仿佛身处在那个房间，也暗示了赫玛的情绪状态。你不必过分强调这些细节。一两个视觉或感觉上的线索，就能促使你的观众与你共同创造出一个人物形象。

- "如果这是关于别人的故事，我不在现场，那该怎么办？"你的大部分故事都会是关于别人的，但是你可以把自己放在故事里，把它变成你的故事。我讲过史蒂夫·丹宁的“赞比亚故事”。那不是我的故事，故事发生时我也不在现场，但我仍可以把自己融入这个故事中，我分享了它对我的启发，也谈到我对这个故事的体会。

我 / 我们想……但是……

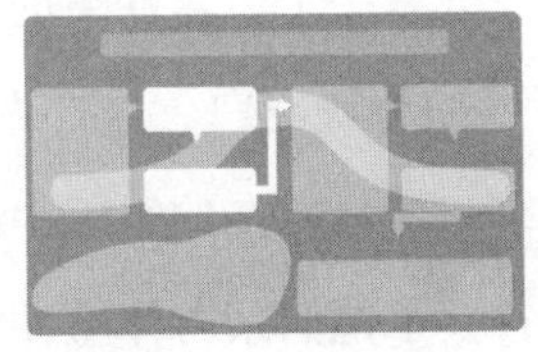

冲突是推动故事发展的引擎。当你在故事画布上构建故事时，你面临的第一个挑战就是在你的故事中找到冲突。

我在讲述赫玛的故事时，故事冲突是“赫玛冒着风险，向一群令人生畏的领导者讲述了一个简单、脆弱的故事”。我甚至特别指出他们“大部分是男性”，这会让冲突更加激烈。

冲突是我们人类之所以能发展出讲故事的能力的核心原

因。正是由于人类具备这种生存技能，我们才能在物种进化中脱颖而出。讲故事加速了一种被称为“经验地图”的人类发展过程。根据经验地图的观点，我们人类生活在一个充满各种威胁的复杂世界之中，危险重重，随时可能被其他生物吃掉，还会遇到竞争对手来抢夺我们的资源。当我们遭遇这些威胁的时候，就会在大脑中绘制一张“地图”，以便自己可以在这个复杂的世界中应对威胁，从而赢得生存和成长的机会。

因此，当你给我分享一个包含冲突的故事时，你就在我的经验地图上填补了一小块空白。这样做的效果非常明显。你通过讲述你的故事，为你所在的组织中的其他成员节省时间和资源，也许还省去了他们亲自体验冲突时必须经历的痛苦。你的故事使组织整体的适应性更强，发展得更好。可以说，讲故事是一项省时省力的技术。

包含冲突的故事从根本上来说非常有意思，它能引起我们大脑的注意。在人类 1 亿多年的发展中，大脑进化出的边缘系统会不断扫视周围环境，以迅速发现各种潜在的威胁。当你将冲突引入你的故事时，我们就会饶有兴趣地前倾身体，集中注意力，准备好更新我们的经验地图。

生动描述冲突的秘诀很简单，就是突出渴望和限制，简单来说，就是“我们想要……但我们无法得到，因为……”

在本书中，我一直都在这样做。在我与波士顿团队的故事中，我说，我希望这个团队能够相信讲故事的价值，并信任我这个顾问……但他们觉得时间紧迫，并不欢迎我。在“杰克的企鹅梦”（你可以在附录 A“达到我们的最佳状态”的故事速写卡上找到这个故事）中，水族馆的工作人员希望与顾客分享他们对工作的热爱，但在水族馆闭馆期间，一个患有孤独症的孩子提出了一个要求……

在你的故事画布上，尽可能用最简洁的语言写出故事的冲突。

如何画出你的故事 STORY DASH

- 冲突不一定是争论。在许多有关领导力的故事中，冲突主要来自我们自身的心理模式和信念。因此，在你的故事中，也许冲突只不过是“我不喜欢”，或者“这不符合我们的信仰”，又或者“这是我们的一贯作风”。

- 一个故事中有一个冲突就够了。在现实中，针对一件事情，你可能会找出许多冲突，但在讲故事时，你一定要抵住诱惑，千万不要把所有冲突全部描述出来，否则你就必须在短短的故事中解决所有冲突，而这是无法实现的。你可能已经注意到贯穿故事画布的“故事弧线”（见图 3-4）了。你的故事应该关注一件事情，包含一个冲突，提供一个解决方案。

图 3-4 故事画布上的“故事弧线”

- “如果我根本无法在故事中只讲一个冲突，那该怎么办？”这可能说明你有好几个故事可以讲。那就在故事画布上把它们一个一个地写出来。有一次，我的朋友比尔给我讲了一个关于软件开发项目的故事，他说：“这个项目遇到很多困难，我们不仅要对众多股东负责，还要为青少年开发一个软件，但我们对青少年一点都不了解。”我打断他的话：“我插一句，我觉得你其实讲了两个不同的故事，一个是关于如何对多个股东负责，另一个是关于如何开发一个以青少年用户为中心的软件。哪一个更重要？”他回答道：“它们都很重要！”最后，比尔准备了两个独立的故事，并且这两个故事都很精彩。

于是……然后……

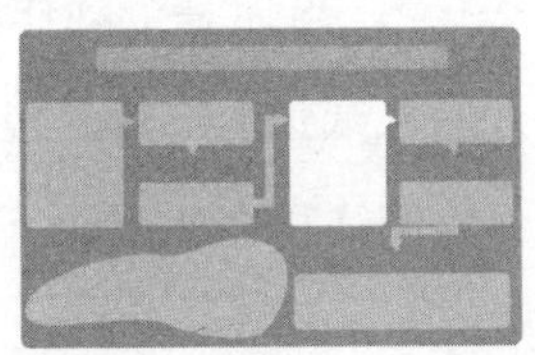

到目前为止，我们已经确定了时间、地点和主人公，还引入了一个冲突。我们正沿着“故事弧线”慢慢地走向故事的高潮。此时，有事情要发生了，而这件事情就是故事中的某个人做出的选择。

……于是，赫玛克服了内心的恐惧，面对一屋子的高层领导者讲述了她那段令人震撼的“非典”经历。

……于是，伊丽莎白想到自己公司就是一个“恶人”，她的内心崩溃了。她决定为了后代的未来，将这项工作进行到底。

……于是，小美人鱼爱丽儿前去拜访海底女巫乌苏拉。

……于是，在一个星期六，莫里斯从水族馆的礼品店开车前往小男孩的家。

通常情况下，这部分需要描写一系列动作。你会不断地写“然后……然后……”。当你一个动作接着一个动作描写时，你会感到笔尖开始在纸张上飞舞。但此刻你必须格外注意你那支飞舞的笔，人们往往在此时犯下严重的错误，那就是记录下太多的细节。

推动故事发展，最少需要多少信息量？可能只要几个句子就够了。你会惊讶地发现，其实你的故事并不需要那么多内容。

- 你希望更多的人采取什么行动，就将这个行动嵌入故事。比如，我希望你们能相信我在故事速写过程中使用工具是有效的，所以我讲了两个我的客户使用这些工具的故事：伊丽莎白使用了领导力故事卡，赫玛使用了故事画布，她们都从中受益，实现了自己的工作目标。我希望你们能从她们的故事中总结经验，告诉自己："也许我应该试一试，我也希望和她们一样，获得好的结果！"总结一下，你希望你的观众采取什么行动，就在你的故事中把这种行动展示给他们看。

最后……

我发现大多数人在故事画布练习这一环节没有太多困难。在此，你只要回答一个问题："那么，最后发生了什么？"

……最后，世界银行成为全球知识管理界的领导者。

……最后，赫玛的公司决定在班加罗尔投资购买设备，赫玛也找到了自己的领导力话语权。

……最后，伊丽莎白冲破瓶颈，鼓起勇气，讲述了一个极具感染力的故事，好像给她的团队“施了魔法”，最后推动了项目的进展。

曾经，我也遇到过一些领导者，他们的工作陷入僵局，不知所措，他们说：“我们的项目还在进行中，所以，我们的故事还没有一个结尾。”你的项目也许还没有结束，但你的故事绝对可以结束。根据你刚才描述的事件，有些东西已经发生了改变。请告诉我们什么发生了改变。你可以在此处引入一些数据来说明这些变化。尽管这不是一个必要选项，但我发现，在组织工作中，许多领导者都会使用数据。你可以这么说：“这样做只花了我们客户一半的预算。”或者，“团队只用了 4 个星期的时间就完成了原本需要 6 个星期才能完成的计划。”或者，“波士顿团队获得了那份价值 2.5 亿美元的合同。”如果有一些可供参考的数据，就能在这个部分派上用场。

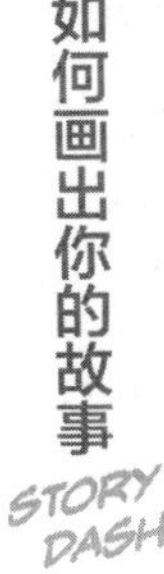

- 你可以战略性地选择不给出结局，这样人们就会感受到一种未完成的张力。史蒂夫·丹宁在“赞比亚故事”中就是这么做的，我觉得效果非常好。他明确地指出：这不是我们的故事，那我们能怎么做呢？现在，观众们的大脑系统都会集中力量来感受丹宁创造的故事张力。

现在我们知道了……/ 那就是为什么……

这是你的故事中最重要的部分。

在故事的最后，你要说：“我讲这个故事是有原因的，我认为它说明了一个重要的问题。”然后，你必须用自己的话总结这个故事说明了什么问题。不要期待你的观众会自然而然地得出你想要的结论，他们做不到，因为故事所蕴含的意义实在太丰富了。在你的故事启发下，观众的大脑会朝着无限且不可预测的结论飞速旋转，只有你可以把它们集中起来，提炼出你所希望的结论。

在赫玛的故事中，我希望你关注的结论是：一个故事可以创造出一种强大的共同体验，也就是神经耦合。你需要这种强大的联系，因为它是提高影响力的关键。

大多数人都认为故事画布的这一部分比较困难。当我在培训领导者和团队时，故事画布这一部分也是我们花费时间最长的环节之一。你的故事表达了什么主题？答案就是：其实你想表达什么主题都可以。你有无数种选择，起决定性作用的因素就是你想树立什么样的领导力话语权，这一切完全由你来决定。

有一个问题你必须搞清楚：你希望你的观众相信什么，感受什么，做什么？首先，确定这种信念、感受或行动，然后在讲故事时明确地说出来。在附录 D 中，我将详细地说明，在这书中我是如何有意识地选择故事，以达到特定的“信念、感受或行动”等目标的。

- 首先，试着完成故事画布上的“现在我们知道了……/那就是为什么……”这一部分。然后，返回地图开始的“我曾经……”这一部分，按顺序前进。先完成地图的最后一格，可以让你明确这个故事的主题及讲故事的目的。接下来，当你在构建故事时，你就会很容易知道哪些内容需要保留，哪些内容必须排除在外。这个细节对于你所设定的结论有用吗？如果你的答案是“毫无帮助”，那么就将它剔除出去。

- 当你在讲故事的时候，你也可以将“现在我们知道了……/那就是为什么……”这一部分提前说出来。比如，在故事的开头，我可以这样说：“讲故事可以创造一种强大的联系，这种联系能够将人们的思维连接在一起。我曾遇到过一位女士，她叫赫玛，她……”这样的开头也很吸引人，因为我已经表明了故事的主题，观众会很好奇，希望弄明白这个主题如何在故事中体现出来。请注意，故事画布中所有的元素都具有很强的可塑性，而且可以任意调换位置。但目前，我们先不这么做，就像在做“爵士乐即兴演奏实验”。我们先熟悉它的基本模式，然后再发挥创造力。

- 保持主题简洁明了。确保“现在我们知道了”一件事情，只有一件。有时候，你会控制不住，总感觉可以从故事中提炼一个又一个主题。但我们只选最重要的那一个，并将这个主题贯穿整个故事。

情感数据 / 身体记忆

在故事画布的左下角有一个情感词语池。这个池子与构建故事的其他元素没有直接联系，但从这个池子流出的众多“小溪流”却“滋养”着故事画布中的其他元素。

我常常在很多领导者讲的故事中听不到任何有关情感的内容，对于从事工程、科学或技术领域的领导者来说更是如此，因为他们不擅长处理这种复杂的人类情感。如果一个故事没有情感内容，那么这个故事就显得平淡无味，你也不会喜欢。你可能说不出为什么自己不喜欢这个故事，直到我告诉你“这个故事里没有情感内容”时，你才会恍然大悟，连连点头表示同意：“我的天哪，你说得对！”

观众需要情感内容。没有它，观众就像埃利奥特一样，无法领会你表达的意思，也无法赋予其价值，因为他们不知道那是一种什么样的感觉。

如果我对你说：“员工参与度调查结果出来了。”此外，如果我这样对你说：“员工参与度调查结果出来了，结果完全出乎我的意料！”

你对第一种说法有何感受？你对第二种说法又有何感受呢？第一个说法是一个事实、一个数据点。你对它的反应可能是“哦，知道了”。然而，面对第二种说法，你可能会说：“真的？结果怎么样？快给我看看！”你不但会思考这种说法，而且会主动去感受它，它会强迫你做出反应。

请记住，我们讲故事是为了让观众树立信念、积极参与、行动起来。作为观众，我需要情感词语，你需要在讲故事的时候把它们说出来，并把它们贯穿在你的故事里。要做到这一点，其实，并没有想象的那么难。比如：

> “她的团队感觉受到了羞辱和排挤。”
>
> “赫玛为此感到很自豪。”
>
> “我永远忘不了尼古拉斯眼中透露的失望。”
>
> “伊丽莎白能改变想法，鼓起勇气讲述这个故事，我感到非常欣慰。”

请大胆说出这些情感词语，不要不好意思，不要回避这些内容。观众需要先感受你的故事，然后才能理解它。

如何画出你的故事 STORY DASH

- 巧妙地表达情感，而不必非得直接说出情感词语。在赫玛的故事中，我提到一位领导者“擦拭着眼睛”。仅凭这个动作描写，你就能明白他是因为赫玛故事中的情感内容而感动得流下了眼泪。
- 有许多领导者告诉我，他们不想通过讲故事去刻意煽情。我知道他们的顾虑，他们不想改变自己的领导风格。其实，你完全可以不煽情地把情感表述出来。我见过一些领导者在描述“团队尊严”的时候，一直表情严肃，这样做的效果也非常好。但在你的故事中，至少要有一些表达情感的词语，放心不会有人说你像我一样，是一个“过于情绪化的人”。

- 充分利用自己的面部表情、声音语调和肢体语言来表达内心的情感。我就很喜欢这样，这是我的风格！

尝试画出你的故事

要完成整个故事画布，要做的事情真不少！

如果你跳过书中这一章节的介绍，直接在故事画布上构建故事，很可能你不需要太多帮助也能填好所有方框。但由于我们正在培养自己作为领导者灵活讲故事的能力，因此，明白“为什么这样做”对我们能力的发展非常重要。

行动是能力发展的另一关键要素。这就是接下来我们要做的事情。轮到你了，请在故事画布上构建你的故事。整个流程很简单，我们几乎不需要列出过程步骤，只需要拿一些便利贴，把它们贴在画布上。不过，我还有几点建议。

第一，在故事画布上构建故事的时候，很适合喝咖啡或喝茶。开始之前，你可以先去休息室，把你的马克杯添满。如果有卡布奇诺的话，那就倒一杯吧……我很羡慕你们办公室里的高品质特浓咖啡。

第二，选择一个自己舒服的姿势。说实话，我刚开始看到有些领导者趴在地上完成故事画布时很吃惊，但我非常喜欢这种舒适、放松的感觉。你可以选择任何姿势，只要有助于你思考就好。

第三，安静地独立完成。如果你是以团队形式参加练习，那么在这一环节，每个成员都需要找一个安静的地方来构建和思考。

第四，保证起码 30 分钟的时长。有时候，人们在 30 分钟内就能完成故事画布的整个过程，因为故事在他们的大脑中已经完全成型。但是，大多数人还是需要半个小时或更长时间来构思整个故事，所以，给自己留出充足的时间来构建故事的结构。

第五，利用便利贴进行多次实验。比如，许多人在进行到故事画布过程的中间环节时突然想到：等一下……或许这才应该是故事的开始！这时候，他们就可以把便利贴撕下来，重新贴在“我曾经……”的方框里面。

你应该在故事画布上贴出多少个细节呢？我认为这是个人选择的问题。我喜欢为故事的每个构成要素写下一些高质量的笔记，以确保故事的每个部分至少都有一定的内容，就像我在前面几页提供的例子那样。对我来说，这是一个很好的方法，因为它可以让我避免因细节太多而迷失其中。但我在培训过程中发现，有些人善于思考细节，他们真的可以把整个故事像剧本一样写出来，所以他们的画布上堆满了细小而密集的文字。

充分利用这个工具构建属于你自己的故事画布过程，让它对你有所帮助。准备好了吗？那就开始吧！当你完成故事构建后，我们在下一章见。

在故事画布上“漫步”的过程

1. 提前在 A3 纸张上打印好故事画布。
2. 找一个舒适的工作空间，准备好咖啡、茶。
3. 准备大量的方形便利贴。
4. 从前面的故事挖掘环节中选取一个故事，在故事画布上构建详细的故事内容。
5. 如果你在辅导一个团队，就要先给团队成员解释故事画布的构成要素。欢迎借用本章的内容。

6. 要求所有团队成员单独构思。
7. 在构建故事时，多试几次。可以随意移动便利贴，也可以扔掉重写。
8. 建议尽量在便利贴上少写字，但你也可以去探索自己喜欢的风格。
9. 留出 45 分钟左右的时间完成这项训练。用 15 分钟介绍故事画布的构成要素，再用 30 分钟进行故事构建。

第 4 章

步骤三，讲故事比赛，让故事“活”起来

STORY DASH

有一天，学员雪莉跟我说：“我给我的团队讲了个故事，但感觉没有起到任何作用，我很困惑，不知道哪里出错了。”“跟我说说你是怎么讲的。”我说。她说：“我想改变公司文化，让我所在的公司能更好地落实‘以客户为中心’的理念。所以，上个星期，在与我的团队成员进行线上沟通时，我给他们讲了一个关于文化变革的故事，却没有什么反响。这几天我一直在想是不是自己哪里做错了。”

通过讲述文化变革的故事，促使公司的运营理念转向以客户为中心，这样的故事好吗？当然！我喜欢这样的故事！这种经营理念也并不奇怪，对吧？我把这次通话录了下来，逐字逐句地听她是如何讲述那个故事的，内容如下：

> 今天，在正式讨论之前，我想给大家讲一个小故事。我们公司正面临的最大问题是对客户和我们所提供的商品的价值缺乏应有的重视。上个星期，我在新加坡参加全球品质论坛时，听一位发言人讲了一个关于星巴克的故事。几年前，星巴克遇到了和我们类似的问题，当时他们损失了大量顾客。于是，星巴克决定让北美的所有店铺停业一天，虽然这一决定让星巴克损失了数百万美元，但是这一决定也让所有星巴克的员工有时间沉下心来认真地反思和学习。近期，我们也打算投入大量时间、精力和金钱，让我们的关注点重新回到客户身上。
>
> 接下来的几周，我将为你们引荐一位顾问——沙恩，我在新加坡听到的关于星巴克的故事就是他讲的。他曾与一些全球顶尖公司合作，他将帮助我们改变公司文化。他的方法可能会给我们带来很大的挑战，但那一定是正确的方向。

这就是雪莉讲的故事。嗯，这故事有点意思。你觉得雪莉的故事怎么样？如果雪莉请你给她一些指导意见，你会提出什么建议？

通过观众反馈让故事变得更好

在故事速写的前一个环节中，你在故事画布上已经完成了故事构建，但这还没有结束。目前，你所完成的故事就像盖比特用一块木头雕刻出的匹诺曹一样，它只是一个木偶，还没有生命。现在我们需要给你的故事赋予生命，让它“活”起来，不需要蓝衣仙子的魔法咒语，[①] 只需要有人来听听你的故事。

这个环节很简单，但它是故事速写的核心部分。你和你的团队成员需要坐成一圈，大家轮流讲述各自的故事，然后一起对这些故事进行充分的讨论、研究，并对故事进行再次加工，进一步完善故事。

这也是整个故事速写过程中最激动人心的环节。请大家聚在一起，围圈而坐，轮流讲故事，共同参与构建意义、创造知识和建立联系的活动。这是一次感受丰富的体验，有领导者用“神奇”一词来评价它。

---

① 来自《木偶奇遇记》中的故事情节：木匠盖比特制作了一个小木偶并取名为“匹诺曹”，后来，匹诺曹被善良的蓝衣仙子赋予了生命。——编者注

做好随时应对突发状况的准备。对方听完故事后的感受可能与你构建故事时内心的预期截然不同。当你把故事写在便利贴上时，可能感觉它极具感染力，但当你把它讲出来时，可能会发现它平淡无奇、索然无味。你可能还会发现，观众有时会对你认为并不重要的细节非常感兴趣。因此，讲故事比赛的首要目的是接受观众的反馈，使故事变得更好。

讲故事比赛的另一个目的是让团队共有的故事“活”起来。对于想要提高影响力的团队来说，“准备阶段”就成为他们的希望和优先考虑的事情，他们愿意把精力和时间投入这一环节。因为这也是项目计划中的一项任务。

还记得杰夫·贝佐斯的期望吗？他希望公司高管能在公司战略会议上讲故事。他并不是说说而已，而是把这一愿望定为一项守则。在一封致股东的信中，贝佐斯介绍了这种方法，他要求高管讲出来的故事要“像天使的歌声般清澈，美妙且有深度，这些故事要能为高质量的讨论奠定基础”。贝佐斯还指出，有些高管误以为在一两天甚至几个小时内，就可以把故事准备好。而实际上，准备故事可能需要一星期甚至更长的时间！一个好的故事需要一次又一次地修改。你可以先把故事拿给同事，请他们提出改进建议，然后搁置几天，重新审视你的故事。

你可能很惊讶：故事要“像天使的歌声般清澈”？故事要用一个星期甚至更长的时间来构建？

我可以想象到，在开公司战略会议之前，那些高管如何痛苦又入迷地推敲故事的细节，力求做到精益求精，因为他们明白，接下来要面对的是老板的严格审核，而且这些故事还是确保公司下一步战略工作的关键基础。由于贝佐斯已经看到了故事在推动整个体制改革过程中的强大力量，因此，他便将讲故事制度化。想要成为亚马逊的高管，就必须学习如何让你的故事“活”起来。

现在，我们一起试试。我敢打赌接下来要进行的讨论，在你们团队以往的讨论中可能很少出现。让我们对着星星许愿，召唤“蓝衣仙子”，探索如何给故事赋予生命，让这些故事听起来也“像天使的歌声”一样清澈、动人。

提升故事品质的 4 大步骤

在讲故事比赛中，你将扮演两种不同角色：故事讲述人和故事倾听者。倾听者的角色和讲述人的角色同样重要，有时，倾听者的角色甚至比讲述人的角色更重要。这是因为团队其他成员在讲完故事之后，一定会转过头看向你，问道：“你觉得怎么样？”而此时，作为倾听者，你必须站出来告诉他，什么样的故事才是好故事。

普利策奖得主、著名影评人罗杰·艾伯特（Roger Ebert）曾经说过，作为观影人，仅仅知道电影的好坏是远远不够的，还应该清楚它为什么好、为什么坏。他认为，常看电影的人必须了解镜头语言，具备构建故事等方面的专业素养。这些正是我们现在训练的内容。

对于身处知识时代的领导者来说，拥有故事素养更是一项核心竞争力。

当突然有人问我：“嘿，戴维，你觉得我的故事怎么样？”我还会有那么一瞬间的不知所措。有时这个问题很容易回答。有些故事你一听就喜欢，一听就知道这正是你想听到的，观众们都说：“哇！真是太棒了！千万不要改变任何内容！你这样讲就足够好了！”然而，多数情况下，当故事讲述人讲完故事时，他们会满怀期待地问你：“你觉得怎么样？”你的回答很可能就像我当时回答雪莉一样：“嗯，这故事有点意思。”这时你可能倍感压力，因为你知道这个故事不够好，但又必须提出一些具有建设性的意见，帮故事讲述人把故事讲得更好。

我指导领导者讲故事已经有很长一段时间了。一开始，我指导广告行业的领导者讲故事，我们专注于如何用故事实现战略信息的传递。经过多年的探索，我对如何讲好故事形成了一套成体系的理念。虽然培养世界级的讲故事的指导能力没有捷径可走，但我确实有一些办法，可以让你快速获得有力的支持。

每当我听完故事需要做出评价或反馈时，我往往会遵循特定的步骤，这样做的效果很不错。具体步骤如下：

- 检查故事的目的是否清晰，效果是否显著。
- 训练身体对故事的感受和意识。
- 将听到的故事贴在故事画布上。
- 使用故事完善图。

检查故事的目的是否明晰，效果是否显著

对别人的故事做出评价前，我考虑的第一个问题是故事的战略清晰度。比如，我会思考“我有没有弄明白这位领导者为什么讲这个故事”。你的故事必须能让观众马上了解你想告诉他们什么、让他们感受什么或做什么。为了更准确地检验故事的战略清晰度，我会直截了当地问你：“你讲这个故事的目的是不是想让我有……的反应？”

训练身体对故事的感受和意识

故事是感受出来的。这种感受表现为身体的反应，你需要通过身体来体验它。一些故事理论家甚至认为，故事的决定性特征不是它“开头、中间、结尾”的内容，而是它为倾听者创造的感受和体验！如果一个故事无法创造出这种“故事感受”，那它就不是一个故事。

听故事时，将注意力集中到身体的反应上是一项很有意义的练习。注意你的感受，并记住故事的哪一部分让你产生了这样的感受，这是你给讲述者反馈的一项重要内容。毕竟，我们的最终目标就是感动观众。为了评判故事的效果，我们必须先学会注意和评判故事对我们自己产生的影响。

我听过许多领导者分享他们的故事，也越来越清晰地感受到自己的思想和情感在身体内的互动。我能感受到我的思绪在大脑皮层里到处游走，也能感受到情感常常在我的胸部聚集。当我听到一个精彩的故事时，我可以真切地感觉到那种在全身流动的能量：从大脑到身体，从思想到情感，从“嗯，好吧，这有点意思……”到“哇塞”！

绝大多数领导者讲的故事都是平淡无味的，在听这样的故事时，我大脑里的思绪全程停滞。故事结束时，我会发现，虽然这个故事内容还不错，但我的胸部没有任何感觉。阅读完下一章的内容，你就会知道，思绪在大脑中停滞太久会让观众感到非常疲惫，你最终会失去观众。因为经过几小时的信息输入后，观众大脑中会存留太多信息，而这些信息会在数小时内消失殆尽，就像阳光下的露水。

我喜欢详细地描述自己的感受："伊丽莎白，当你说你可以感受到尼古拉斯内心失望的那一刻，我被你的故事深深吸引了。这让我立刻想起了我自己的儿子，这部分非常有感染力。我真切地感到心里一沉……我真的觉得必须立刻开展你的项目。"有时候，我还会问一问大家："有人有同样的感觉吗？"通常每个人都会点头表示赞同。的确，神经耦合发生了，我们当时的感受都是相同的。

身体对故事的感受和意识是一项需要多加练习的训练活动，但它也是一种非常有效的从周围环境中收集数据资料的方法。下次你在听故事的时候，把你的注意力集中到身体感受和意识上来。作为一名观众，你要随时准备好说出你的感受，故事的哪部分内容让你产生了这样的感受，以及它会对你产生怎样的影响。

将听到的故事贴在故事画布上

综上，我已经明确了故事的目的，也确认了故事给我带来的身体感受。如果在完成这些步骤之后，我仍然感到困惑不解或者感觉自己的情感与故事脱节，那么，这一步就能帮助我搞清楚存在的问题。

你应该还记得故事画布吧？把它利用起来，看看你是否能快速地将听到的故事贴在画布上。故事画布的结构框架非常清晰，你可以通过检查每一个构成要素来判断你听到的故事是否引人入胜、令人信服。检查时你可能会说：“故事里包含了时间和地点，我找到主人公了。等等，我怎么没发现冲突？我也不确定故事的主题是什么！”

在检查故事构成要素时，大家要注意一点，不要太纠结故事构成要素的先后顺序。你听到的故事的构成要素并不一定会按照它们在故事画布上的顺序出现。技术娴熟的故事讲述者可能会改变各要素的位置，比如把故事的中间部分放到开头。故事应该是像液体般流动的，而不是像固体般一成不变。

如果你在听到的故事中找不到故事画布上的某个构成要素，那就请故事讲述者解释一下。我会这样问：“不好意思，我刚才可能走神了，好像没有听到故事冲突。你在故事画布上构建故事时，是如何设计冲突的？”或者：“谁是故事的主人公？你一开始讲了克莱门茨医生，突然又讲的是年轻的放射科医生，所以我有点困惑。”通常情况下，当故事讲述人描述了自己想表达的内容细节后，我会提议：“这就说得通了！但你刚才讲故事的时候，并没有把这一点表达清楚。为了避免观众像我一样错过这么重要的构成要素，我们该怎么调整一下？”

使用故事完善图

最后，我把上述所有方法整理在一张纸上，作为“备忘录”分享给学员，以供他们相互指导。我把这份“备忘录”命名为故事完善图（见图 4-1），它总结了精彩的故事变得平淡无奇的常见原因。这些内容就是我在指导别人讲故事时最常给予的反馈。当然，这张图不能解决所有问题，但它能解决那些最常见的、令你一筹莫展的难题。

现在，切换为教练的视角，我们一起快速回顾一下雪莉的故事。

- **战略清晰度：** 我觉得雪莉的故事不存在战略不清晰的问题。雪莉清楚地阐述了她的目的：她想在公司掀起一场文化变革，把公司重新定位为一家以客户为中心的公司。一听到她这么说，我立刻打起精神，期待接下来的内容。然后，我可以仔细检查故事的每个构成要素，并判断它是否能实现讲故事的目的。现在，我已经有几点想法可以反馈给她了。
- **身体意识：** 无论是初次听到她的故事，还是再次回顾她的故事，我几乎没有产生任何情感上的反应。我感觉她的故事好像一直停滞在我的理性大脑中，没能与我在情感上产生片刻的共鸣。你有这种感觉吗？
- **故事画布：** 当我开始把她讲的故事列在画布上时，我感到有些困惑，总感觉哪里不合适，因为我发现有许多细节其实与故事想实现的目标无关。我试图寻找那条“单一的故事弧线”时，才突然意识到，她把两个故事糅合在一起，这使得她想传达的信息太过杂乱。

好了，分析到这里，我已经准备好向她反馈了。

完善你的故事

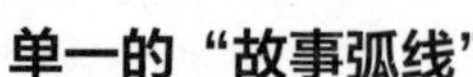

单一的“故事弧线”

你是否在故事中填入太多内容？一个故事只能包含一个冲突、一种结果，只能发生一件事情。

让观众明白发生了什么

“我正在办公室，突然有人疯狂地敲门。我想，这是谁？”

串联小故事

你的故事是不是太长、太复杂？你可以将它分解成几个相互关联的小故事，就像电影中的场景一样。一次构建一个故事。

别嫌故事太“小”

你的工作或许复杂艰巨，却由许多小时刻组成。所以，你可以讲一次谈话、一封邮件，或者同事的一个简单动作。故事不必宏大，微小时刻也能让别人了解我们。

图 4–1　故事完善图

引用对话

不要直接说“经理让我去打包行李”，引用对话可以使场景更加生动。例如，“经理凯丽问我：‘瑞吉，你需要多长时间来打包行李？’我回答道：‘你是认真的吗？’”

使用情感词语

这些情感词语是故事的核心。能让观众与你共情。如：顾客很激动。凯丽非常讶异。我走向团队成员，说：“我都糊涂了……”

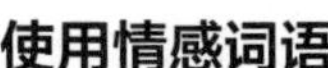

将听到的故事列在画布上

你要能在听到的故事中找到故事画布上的构成要素。“时间和地点有了，冲突有了”，如果哪个要素不清楚，一定要弄清楚，然后重新讲述故事。

说出他们的名字！

不要说“我的经理”，而要说“我的经理凯丽”。虽然只是简单地说出名字，但可以在观众的脑海中塑造出一个具体的人物形象。

务必使故事简洁明了

叙述应快速直接、目标明确。遵循故事结构，可以让你在 2 分钟内讲出一个极具感染力的故事。

记住这个“5 句话结构”：

1. 背景：“我曾经……”
2. 问题：“我 / 我们想……但是……”
3. 行动：“于是……然后……”
4. 结果：“最后……”
5. 启示：“这个故事说明了……”

针对发现的问题，升级你的故事

在本章开始时，我请大家考虑一下你会如何指导雪莉，现在你考虑好了吗？在继续往下阅读我的指导意见之前，请你再回看一下她的故事，然后花几分钟写下你的想法。

如果我们身处同一个房间，我会请你先说说自己的看法，这样的互动对于你练习如何给出故事反馈很有帮助。然而，读者无法与作者面对面交谈仍然是当前阅读图书的一种局限。所以，我就冒昧一次，按照我喜欢的顺序开始讲起。

具备战略清晰度

雪莉知道自己为什么要讲述这个故事——她想在公司创造一场文化变革，把她所在的公司重新定位为一家以客户为中心的公司。显然，她的故事具备一个单一、明确的目标。她想做的事与史蒂夫·丹宁在“赞比亚故事”中想做的事类似，都是“假如发生在我们这里”的故事，都属于故事速写卡中追求创新性的故事。

很多领导者在讲故事时，由于想表达的主题太多，很难做到故事目标单一、明确，但雪莉做到了，这是一个很好的开端。

发现了星巴克故事的价值

雪莉提到的星巴克的故事立刻引起了我的兴趣。我从来没有听说过这个故事，所以我在谷歌上搜索了更多相关信息。网络上有很多关于星巴克“关闭所有门店重新聚焦”案例的研究报告。我对相关内容了解得越多，就越觉得雪莉讲的这个故事非常棒。我可以清晰地看出星巴克的故事与雪莉的战略意图之间的联系。

雪莉既拥有清晰的战略意图，又拥有精彩的星巴克的故事作为故事资产。因此，她拥有的原材料绝对可以营造出极具感染力的主题！然而，有一些东西却破坏了她的故事效果。

不要说出“故事”这个词

“不要说出‘故事’这个词。”看到这句话，大家一定感到很诧异，因为我们一直都在谈论故事，而我在本书中可能也已经说过数百次“故事”这个词了。不要说出“故事”这个词，这不仅是给雪莉的建议，还是给大家的建议，因为几乎每个人都会犯这个错误。

你是否听过这样的演讲或发言？发言者站起身，走向讲台，对观众说：“讲话正式开始前，我想给大家讲一个小故事……”你心里会嘀咕：“好吧，可以啊，随便吧，你开始吧。”至少我心里会这样想。一开始我也不知道为什么，在听过无数个故事后，我有了一个惊人的发现：每当有人说“我想给大家讲个故事”时，故事的“魔力”就被打破了。因为这样做会使人们的注意力都集中在讲述技巧上，而且还会让人感觉在这个故事的背后隐藏着发言人的某种目的。

相反，如果一开始雪莉只是简单地说：“上个星期，我去新加坡参加了全球品质论坛……”，没有人会产生“她是想通过讲故事让我们满足她的要求”这样的想法，如果雪莉直接这样开始发言，那听起来就像是在和观众聊天。当你真正掌握了讲故事的能力时，你会发现，故事是“隐身”的。讲故事是一种隐形技巧，也是最自然的说话方式，除非你告诉人们你使用了一些特殊的表达技巧，否则没人会发现你的话语中隐藏着有神奇力量的故事。

所以，不要说出“故事”这个词。

使用情感词语

你注意到这一点了吗？再回去看一遍雪莉讲的故事。雪莉没有使用任何情感词语。我猜当她向团队成员讲述这个故事时，团队成员听起来一定索然无味，因为她没有暗示观众应该有什么样的感受：我们应该对星巴克的大胆举动感到惊讶吗？我们应该为失去客户而感到难过吗？我们应该对这个机会表现出适当的兴奋吗？

如果观众很难对听到的故事产生情绪上的波动，那是因为他们没有得到任何情感信息。其实，几个简单的情感词语就能极大地引导他们产生共鸣。

坚持一条“故事弧线”

我花了好几分钟才意识到，我之所以感到故事条理混乱，是因为雪莉把两个不同的故事糅合在一起了。第一个故事是她与顾问沙恩的会面，以及她邀请沙恩与大家合作来改变公司文化的消息；第二个故事是星巴克的故事。而效果最好的做法是：只选择其中一个故事，并专注于它，把它的价值最大化。

雪莉讲这个故事是为了创造一种以客户为中心的企业文化，因此，我认为星巴克的故事显然更有利于实现这一目标。我想要了解更多关于这个故事的细节！我甚至有种受骗的感觉，因为雪莉在讲述星巴克的故事时，关于“于是……然后……”这一部分的细节实在太少了。在听完雪莉讲述的星巴克故事后，我发现自己一直在想：“然后呢？然后星巴克做了什么？”所以，我向雪莉建议：“雪莉，你吊足了我的胃口。你要坚持只讲星巴克的故事，你要相信它会帮助你实现目标。”

找一个主人公

我习惯利用故事画布复盘、检查故事的各个构成要素。当我将雪莉的故事填入第一个方框（时间、地点和人物）中时，我感到很困惑，然后立刻发现了这个故事不够精彩的另一个原因。

故事中提到了沙恩，但故事后面的内容就与他无关了。

既然我们已经决定使用星巴克的故事，那么我们就要明白沙恩不是我们要找的主人公，我们需要另一个“有血有肉”的主角。于是，我在谷歌上搜索了一下这个故事，发现“关停门店”战略是由星巴克当时敢于打破传统的首席执行官霍华德·舒尔茨推行的。那么，他就是这个故事的主人公。我们把他放在故事中，看看感觉是否会有所不同。

“删除”顾问

我必须承认，当雪莉用“我将为你们引荐一位顾问——沙恩”来结束她的故事时，我的心猛地一沉，感到有点失落。一个顾问？这是认真的吗？我知道沙恩一定很优秀，但星巴克追求文化变革的故事不应该在这个地方结束。你讲故事是为了邀请团队成员踏上一段征程，而他们真正需要的是在故事中看到自己的存在。

我一直在听雪莉在故事的哪个地方向观众发出了邀请。你如何推动观众前进？你希望观众感受到什么、相信什么或者做什么？邀请你的团队在变革之旅中迈出大胆的一步，远比“我们花钱请人来拯救我们”更具吸引力。所以我建议把沙恩这个信息从故事中删除，把故事焦点放在受邀采取行动的团队成员身上。如果雪莉的确需要聘请这位顾问，那就是另一个目的、另一个结果、另一个故事了。

雪莉的故事

以上就是我的指导意见。雪莉是一个优秀的学员，她对故事做了很多修改，并带来了上述故事的第二个版本：

> 如果我们公司将自己重新定位为一家以服务客户为中心的企业，你觉得我们需要付出怎样的代价？当我得知星巴克也曾面临这一挑战时，我感到很惊讶！几年前，星巴克的首席执行官霍华德·舒尔茨惊恐地意识到，公司的业务增长正在损害他们与客户之间的联系。随着星巴克门店的工作变得越来越繁忙，员工不再像最开始那样愿意与顾客进行真诚地交谈，而这样的交谈恰是顾客喜欢星巴克的地方。他注意到，新的卡布奇诺咖啡机比旧的咖啡机体积更大，阻挡了咖啡师和顾客之间的眼神交流。他意识到，这些变化对公司的发展不利！于

> 是，舒尔茨做了一件震惊所有人的事情：他要求北美的所有门店关门停业一天，对员工进行培训。你敢相信吗？这次停业让星巴克损失了数百万美元！他希望通过这一决定让他们的客户知道：“我们团队正重新专注于为您提供更好的服务！”尽管许多顾客在早上没能喝到大杯的摩卡、拿铁，但大家还是欣赏这样的做法。这个“关停门店”的战略也是星巴克发生戏剧性转变的开始。我在想，我们与星巴克有没有相似之处？我们之所以加入这个团队，是因为我们相信质量管控能够为我们公司带来价值，但是，对质量的管控让我们失去了与客户的“眼神交流”。如果我们向服务的顾客重新做出坚定有力的承诺或声明，那会是什么样子？我很想听听你们的看法！

这一版的星巴克的故事好极了，结果也出人意料，它不仅影响了公司的决定，还为我们提供了一个典型的研究案例。它是一个非常好的“假如发生在我们这里”的愿景故事。引用与客户的“眼神交流”这一说法，巧妙呼应了星巴克故事中卡布奇诺咖啡机的隐喻。

我特别喜欢她在故事最后提出的问题：如果我们这样做，那会是什么样子？我总是告诉人们，故事不是交流的结束，而是交流的开始。你认为这个故事想表达什么？你从中学到了什么？你获得了哪些行动上的启示？围绕上述问题，让我们一起交流一下吧！

讲故事比赛的过程

从结构上讲，这个过程很简单。

1. 将团队成员聚集在一起，每一位团队成员都在故事画布上构建一个故事。

2. 如果你单独完成这个过程，那么请找一两位朋友来帮助你。告诉他们你在做什么，并把整个过程要求解释给他们听。

3. 坐成一圈。3～5人是最理想的人数，如果人数较多，可以多坐几个圈。

4. 尽量移开会议室的桌子。大家要完全面对面，中间不要有桌子或其他障碍物。如果天气好的话，完全可以选择在户外的阳光下进行讨论。

5. 邀请一名团队成员讲述他的故事时，其他人要认真倾听。

6. 为成员提供指导，帮助他们完善故事：

   - 检查故事的目的是否清晰，效果是否显著。
   - 训练身体对故事的感受和意识。
   - 将听到的故事贴在故事画布上。
   - 使用故事完善图。

7. 与团队成员对话，帮助彼此完善故事。

8. 对于参加练习的团队，每一个成员都要讲述他的故事，以获得大家的反馈和指导。

9. 对于 4 人团队而言，完成上述过程大约需要 1 个小时。整个过程令人精神振奋，成员甚至可能会觉得时间不够。

恭喜！如果你严格遵守时间要求，并按照规定的方式实施故事速写过程，那么你已经努力工作好几个小时了！去吃饭或休息一下吧，犒劳犒劳自己。一定不要忘记感谢你的团队成员在这个过程中所做的贡献。

完善你的故事，让故事为你的目的服务，这是最重要的。然后，赋予故事生命，把你的故事讲给你的目标受众听。

第5章

步骤四，激活故事资产，用故事改善你的工作

STORY DASH

如果你严格按照故事速写的步骤操作，那么现在你手里已经准备了一个经过精心挑选和充分构思的故事。接下来，你要做的就是把它讲给大家听。如果你是以团队的形式完成这个过程的，那你们团队也已经有好几个故事了，很可能每个团队成员都完成了一个故事，除非有人因为某些特殊情况而提前离场。此外，在故事挖掘步骤中，你在便利贴上写下了许多故事，这些故事虽然还没有完全成形，但都是你的故事资产。

既然我们正在评估自己的现状，那么，我们不能忽视的一个事实是，作为一个需要经常讲故事的领导者，你已经掌握了这项可以快速上手、使用灵活的新技能。自此，你每进行一次故事速写，你就会更自信一点，你会发现这个过程变得越来越顺畅，速度越来越快。你最真实、最具人情味的领导力和影响力必将持续提升。

下一步我们该做什么？我们要把故事运用到工作中去。你要记住，永远不要干巴巴地讲故事，你必须把故事融入其他情境中，比如推销新业务或拨打销售电话时、在会议上宣布新策略时、在对公司网站上“关于我们”的板块进行早该完成的更新时、向公司总裁或董事会汇报最新的业务情况时、工作面试时、募捐筹款时、给应届毕业生演讲时，或者呼吁你的团队勇敢地迈出第一步、共同迈向新未来时，等等。当你身处上述这些情境时，就是讲故事的好时候。

接下来，我们将跳出整个过程中的“冲刺”部分，开始进行一场“马拉松”，在此之前，我们必须激活这些故事资产，使其充分融入我们最在意的工作中。这个部分不会很快完成，它是一场持续的学习之旅，因此，我在前文提到的“4 个小时内完成”这一点在此并不适用。

我们该如何激活这些故事资产，以满足我们最迫切的提升领导力的需求呢？当我训练团队的时候，常常有人问出一些特别且很有价值的问题。曾有人对我说：“戴维，你今天讲得特别好，我深受启发，受益良多，但我心里有一个小小的疑问，你千万别误会。你会不会觉得故事被滥用了，有画蛇添足的嫌疑？比如，有时候顾客已经明确要求我们向他们提供数据，如果我们坚持讲故事，总感觉似乎有些不合适。实话实说，故事并非应对所有情况、解决一切问题的灵丹妙药。我们在实际运用时该如何把握讲故事的尺度？讲到什么程度就算太过头了？”

这个问题问得好，我明白你们的疑虑。我们都在考虑日后如何将讨论了这么久的故事融入工作中，心里有一些疑问也在所难免。

艾米·埃德蒙森（Amy Edmondson）博士在《无畏的组织》（*The Fearless Organization*）一书中，介绍了她在哈佛商学院所做的关于心理安全的研究，并描述了人类对于印象管理的敏感性。也就是说，我们对于别人对我们的看法总是保持高度敏感；同时，我们对任何可能影响我们在社会秩序中的地位的事情，也会极其敏感。如果你刚刚培养起来的故事意识扰乱了你的“印象管理调节器”，千万不要感到惊讶。比如，你的心里可能会担心：一旦讲故事失败了怎么办？如果故事听起来很奇怪怎么办？如果我的客户不喜欢我讲的故事怎么办？如果我是团队中唯一一个以这种方式进行汇报的人怎么办？如果我讲得太多了怎么办？

我向你保证，讲故事一点儿都不奇怪，你也不会讲过头。一切的关键就是把握平衡。

掌握平衡，故事的黄金占比是 30%

故事的确不是解决所有问题的灵丹妙药，我们也有可能会讲得太多，那么，故事讲到什么程度才算刚刚好？

长期以来，我一直遵循一条经验法则：作为一位领导者，你与他人沟通时，大约 30% 的时间可以用来讲故事。我也不知道自己是如何得到这个数字的，但结合这些年的经历和使用者的反馈来看，应该是这个比例。

你觉得在沟通中用 30% 的时间讲故事合适吗？这个比例会太高或太低吗？这些问题让我开始怀疑自己身为一个领导者的沟通能力。我一直在想，在与他人沟通时，我讲故事的时间是不是占到 30%？

总有人问我这个问题：故事讲到什么程度就算过头了？一段时间之后，我也感到很尴尬，因为我不知道估计的 30% 的比例是否正确。所以，我要想办法验证这个 30% 的假设。如何验证？思考后我决定从 TED 演讲开始。毕竟，TED 是一个非常受欢迎的传播创意的平台。上面的演讲因其故事导向型的内容而闻名。

我在 TED 网站上找到了一个最热门的 TED 演讲列表。最热门的演讲之一是《学校扼杀了创造力？》(*Do schools kill creativity?*)，这场演讲以压倒性优势成为观众最喜欢的演讲之一。英国创意专家肯·罗宾逊（Ken Robinson）① 爵士发表了这场演讲，到 2021 年，这条视频的点击量已超过 6 000 万次（见图 5-1）。

如果你还没看过这条视频，我建议你去看看，因为这是一节关于教育的大师课。但是，现在我的目的不是再次欣赏

① 全球知名教育家，其创造力培养教育理念影响深远。著有《什么是最好的教育》一书，罗宾逊在书中从了解家长的角色、理解孩子的压力等 10 个维度为家长提供清晰的思考路径和行动建议。该书中文简体字版由湛庐引进，浙江人民出版社于 2020 年出版。——编者注

罗宾逊的幽默机智和迷人风度，而是验证我所提出的 30% 的假设。我是怎么做的呢？第一步，将这场 19 分钟的演讲整理成文字稿。第二步，把演讲内容填入一个电子表格中，罗宾逊说的每一句话单列一行。第三步，逐句对他的演讲进行分析，判断每一句话是在讲故事还是在说教。出于分析的目的，此处我用“说教”一词来表示“讲故事的对立面”。你们可以将这里的“说教”理解为在听一位大学教授讲解一个理论。它是一种讲述方式，是大多数领导者沟通的常规表达方式。

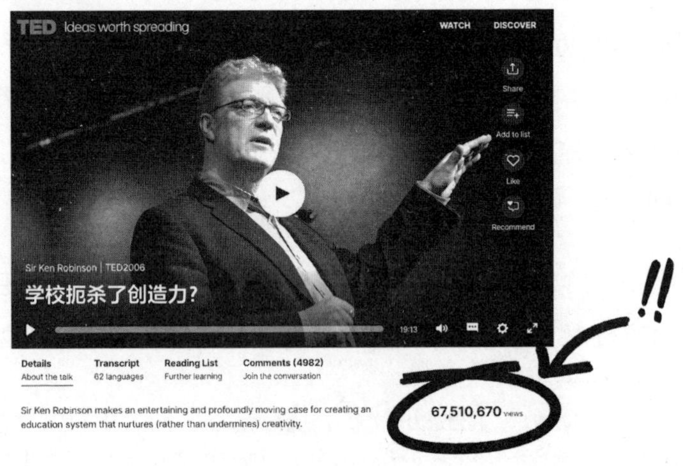

图 5-1　肯·罗宾逊的演讲

我对许多交流沟通的内容都做过类似的分析，有的最终报告长达好几页。我就不展示那些讨人厌的细节了。图 5-2 是我对罗宾逊的 TED 演讲所做的分析报告的第一页内容，图表中修辞分析一栏是故事、说教和幽默的对比分析，演讲中也用到了叙述这一修辞手法。

罗宾逊的演讲稿	想法 / 感受	修辞分析	
0:30 那很棒，不是吗	★・・・・	说教	
0:33 整件事让我大吃一惊	★★★・・	故事	
0:35 实际上，我离开了	★★★★・	幽默	收获了一阵笑声，观众情绪被调动。这预示着这场演讲很有趣。
0:43 这场演说有 3 个主题	★・・・・	说教	衔接上下文。
0:46 这跟我想讨论的话题相关	★・・・・	说教	
0:48 一个是人类创造性的显著证据	★★★・・	说教	
0:53 在我们所有的演讲中	★・・・・	说教	
0:55 在座的各位	★・・・・	说教	
0:57 其种类和范围	★・・・・	说教	
1:01 第二点是，它让我们陷入困境	★・・・・	说教	制造紧张气氛，稍后他会解除这种紧张气氛。
1:03 我们不知道这是如何发生的	★・・・・	说教	
1:05 在未来	★・・・・	说教	
1:07 不知道结果会怎样	★・・・・	说教	
1:10 我对教育很感兴趣	★・・・・	说教	设定背景。
1:11 有趣的是，我发现似乎每个人都对教育感兴趣	★・・・・	说教	
1:16 你不是吗	★★★・・	说教	“你不是吗？”用提问吸引观众。领导者常会忘记这一点。
1:17 我感到很有意思	★・・・・	故事	
1:18 如果你在一场晚宴上	★・・・・	故事	
1:20 你说你的工作是和教育有关的	★・・・・	故事	
1:22 事实上，坦白地说，那你就不可能出现在晚宴上	★★★・・	幽默	到这里，他已经得到观众的喜爱了。

类型	频率
故事	130
叙述	48
幽默	21
说教	173

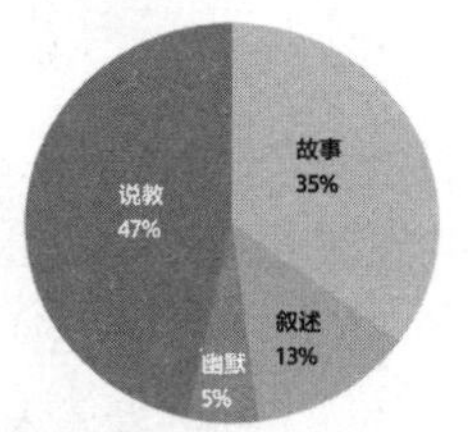

时间	类型	演讲内容
00:46	说教	前言
00:48	移情	生活是一位老师……
01:11	说教	我们都不是为了要……
01:42	移情	“画出上帝”故事……
00:59	说教	冒险和创造力的……
01:57	移情	搬去美国，然后……
00:34	说教	教育是如何构建了……
00:18	移情	随着孩子们长大……
04:14	说教	大学里的偏见和……
00:52	移情	妻子一心多用的……
00:03	说教	短暂的过渡……
01:26	说教	总结，呼吁行动

图 5-2　肯・罗宾逊演讲的演讲分析示例

接下来，我把时间加起来，再进行数据处理，并根据这个演讲创建时间图，如图 5-3 所示。其中深色条块代表故事或“感觉”语言，而浅色条块代表说教或“思考”语言，下文中不再对深色条块和浅色条块释义。

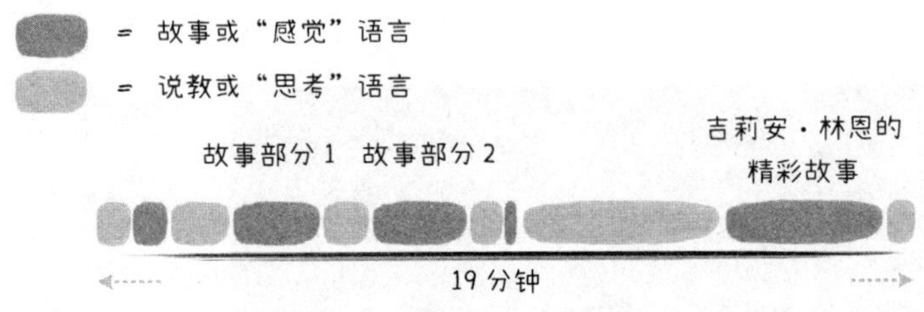

图 5-3 肯·罗宾逊演讲的视觉时间图

在这 19 分钟的演讲中，你可以看到一个清晰的沟通模式。深色条块和浅色条块交替出现，即表示在整个沟通过程中，故事或“感觉”语言和说教或“思考”语言是交替进行的。

如图 5-4 所示的简化时间图无法向你展示罗宾逊的演讲结构有多么巧妙。除了他在开头讲的一些暖场笑话外，这场演讲中的每一个故事都是为了阐明接下来的说教内容或做理论性陈述。换句话说，罗宾逊希望观众在他的演讲中能明白 3 个清晰的要点，于是，他把这 3 个要点嵌入精心构思的故事中，从而产生了让人难以忘怀的结果。

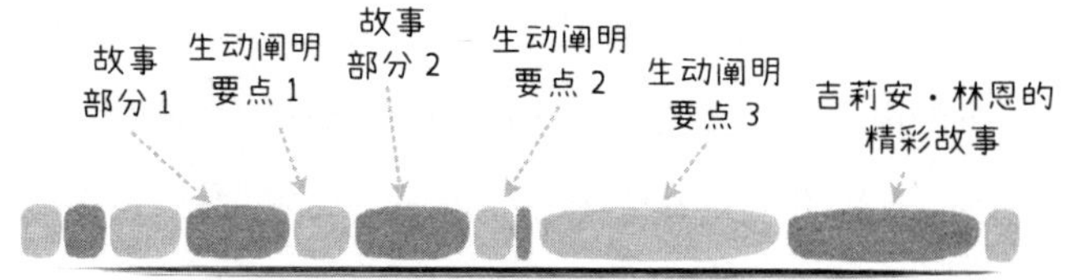

图 5-4　肯·罗宾逊演讲的故事或“感觉”语言和说教或“思考”语言分布图

听完这场演讲后，你很快会忘记所有浅色条块代表的说教或“感觉”语言部分的内容，但会记得深色条块代表的故事或“思考”语言部分的内容。这些内容的布局都是经过罗宾逊精心设计的。

为了让你的观众和你保持一致，你的组织工作、系统制度或市场宣传必须体现的关键信息是什么？先弄清楚这些关键信息，然后将它们嵌入你的故事中。

顺便说一句，罗宾逊演讲中的最后一个故事非常经典，我觉得那可能是这个视频能够获得数千万点击量的主要原因。他讲述吉莉安·林恩的故事的方式实在太引人入胜了，听完这个故事，我自己几乎也已经相信学校的确在扼杀学生的创造力了！如果你还没听过这个故事，我就先不讲了，以免“剧透”。去看看吧，你一定会被打动的。

回到最初的问题：罗宾逊这场说服力极强的演讲是否用了30%的时间讲故事？如图5–5所示，如果把所有代表故事的深色条块放在一起，你就会发现在这个19分钟的演讲中，有10分钟是在讲故事。也就是说，故事或“感觉”语言的占比高达53%。

图5–5　肯·罗宾逊演讲的时间分布图

分析第一次验证30%假设的数据，我们得到的结果远超于当初设定的30%的目标。

我把这个结果拿给长期合作的某制药公司的领导汤姆看，他说：“故事占比确实超出了30%，但罗宾逊的演讲是TED演讲，本身就具有娱乐性！这类的演讲和我们生物科学组织所做的展示演讲性质完全不一样。”

我反驳：“是吗？我认为所有领导者对TED这样风格的平台都心向往之，难抵其魅力。”汤姆仍然不服气：“也许吧。毕竟，肯·罗宾逊是一位演讲大师，只有像他那样优秀的人在演讲时，使用故事的比例才可以达到 53%。”

好吧，也许这一点他说得对。因此，我又接着分析了 TED 平台上热度排名前十的几篇演讲，其中包括西蒙·斯涅克（Simon Sinek）[①] 的经典演讲《伟大的领袖如何激励行动》（*How great leaders inspire section*）。在这篇演讲中，斯涅克提出了著名的“从为什么开始”的原则。

这里，我就不向你们展示分析的全部过程了，只展示一下斯涅克演讲的视觉时间图，如图 5-6 所示：

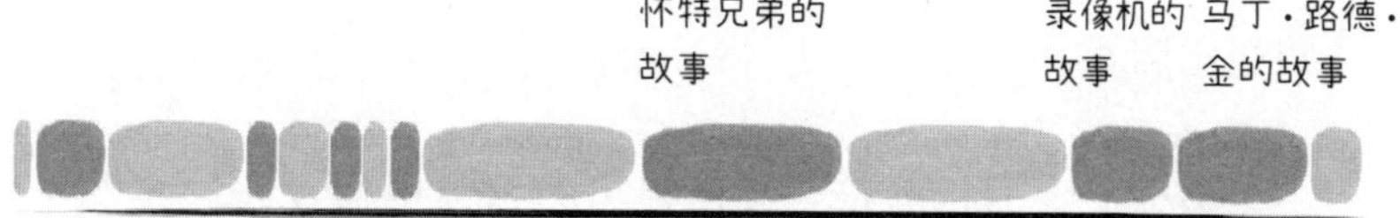

图 5-6　斯涅克演讲的视觉时间图

这篇演讲长达 20 分钟，其中有 6 分钟用于讲故事。是的，斯涅克的演讲恰好符合 30% 的假设。这个演讲视频已

① 国际知名演讲家，2019 年全球最具影响力的 50 大管理思想家之一。著有《无限的游戏》，作者在书中带我们思考如何建立一个足够强大、健康的组织，让它不被商业游戏淘汰，经久不衰。该书中文简体字版由湛庐引进、天津科学技术出版社于 2020 年出版。——编者注

经有超 5 100 万的超高点击量。

同样，在 2021 年 TED 排名第三和第四的演讲视频中，讲故事的时间占比也达到了 30%。这两个视频分别是艾米·卡迪 (Amy Cuddy) 博士关于“存在感和肢体语言”的演讲和布琳·布朗（Brene Brown）博士关于“脆弱性的力量”的演讲。她们都以不同的方式将主要信息巧妙地嵌入故事中。

除了肯·罗宾逊爵士的演讲以外，我还从组织、政治和制度变革等语境中分析了许多其他说服性沟通的例子。“30% 的假设”一次又一次得到了验证，30% 可能确实是讲故事的黄金比例。

那么，我的行为符合我所提出的 30% 的假设吗？如果我用同样的方法分析我的讲故事过程，以及《打造你的故事资产》这本书，结果会是什么样？开始写这本书时，我就定下了一个明确的目标，那就是用故事来阐释我的想法。这个目标可能听起来很平常，其实不然，因为你会惊奇地发现，很多所谓的故事践行者总是推荐人们讲故事或者推荐一些写关于讲故事的书，但他们自己从未真正讲过故事！

我从来没有给自己设定过故事的占比为 30% 的目标。

我只是凭直觉，在我认为需要的地方讲故事，以此来阐明自己的观点。我开始整理写作手稿，我也不确定我的分析会得出什么样的结论。图 5-7 是本书第 1 章内容的视觉时间图，还记得这些故事吗？也许你可以看出我是如何有意识地使用这些故事，让这一章的主要思想具有吸引力和“黏性”的。对此，我将在附录 D 中再次明确阐明我的策略。

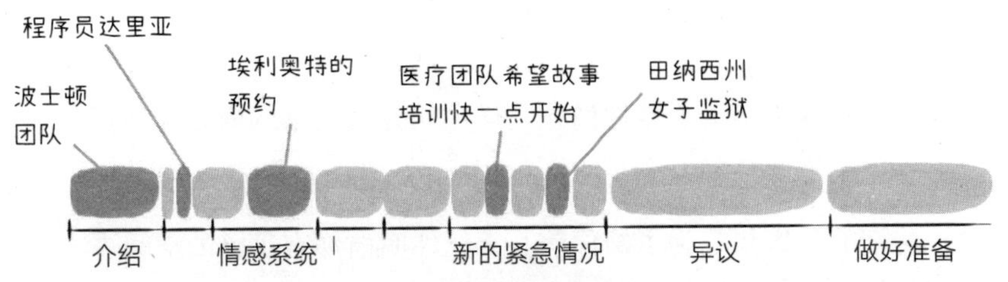

图 5-7　第 1 章的视觉时间图

图 5-8 是本书第 2 章的视觉时间图。

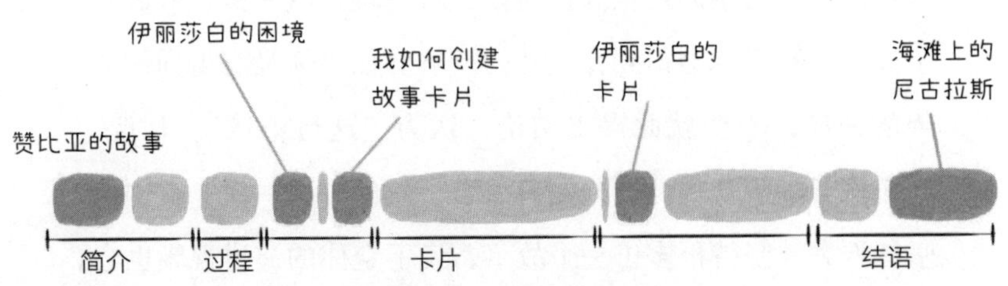

图 5-8　第 2 章的视觉时间图

我把第 1 章和第 2 章中讲述故事的内容加起来，然后进行数据处理，结果恰好是 30%。这两章的故事占比与我之前的假设完全一致。我没有再去分析第 3 章及后面的章节，因为我的耐心有限，而且我的妻子罗比叫我去遛狗了。

虽然现在无法证明故事的占比为 30% 的假设就是沟通中的铁律，但是我认为它可以作为一条效果还不错的法则，被运用到你最重要的沟通和发言中。

我并不是要说服你像我一样逐句分析文本的内容并计算文本的字数，精确地达到故事占比为 30% 的理想情况。我前面的分析只是为了给你信心，让你明白你有足够的空间进行讲故事的实验！和我合作过的大多数领导者，在他们的报告中，故事的比例通常在 0 ～ 5% 之间。对于那些担心“讲太多故事”的人来说，我猜你们离 30% 的门槛还很远，所以你们发挥的空间还很大。所以，玩一玩，试一试，就讲一个故事，看看你会得到什么样的反响。如果你没有得到你期望的回应，不要就此得出结论，认为“这行不通”。相反，你应该寻求观众的反馈并完善故事，然后再试一次。就这样坚持下去，坚持再多讲一个故事，说不定你的演讲视频也会获得 6 000 万的点击量！

用故事重置注意力的调光开关

当时，我正坐在一间昏暗的公司礼堂的后排，听着一场糟糕的演讲。如果说这位俄亥俄州的一家消费品公司的高管正在对我们“说话”，可能都有些牵强，因为他大部分时间只是在大声地朗读他的演示文稿，上面满是要点、图表和数据，这是典型的策略展示演讲。我听了 20 分钟，仍然没能理解他提出的策略。

我扫视了一下观众，感觉到一种焦躁不安的情绪在他们中间蔓延。人们开始在座位上扭动，不少人掏出手机，回复邮件或者浏览社交软件。尽管他们担心被发现，努力把手机放在腿面上，但我仍看到了手机屏幕发出的光。最要命的是，台上的演讲者前天刚来参加过我的培训项目。我甚至想通过心灵感应对他说：“兄弟！你的演讲让人听不下去了！快点讲故事吧！”也许这招管用了，他收到了我的“信息”，因为就在那一刻，他说：“这让我想起了一件有趣的事情。上周，我回到办公室时……”

干得漂亮！你们听到时间和地点标志词了吗？朋友们，我们有故事听了。房间里的气氛立刻发生了变化。那些一直低着头看手机的人突然抬起头，坐直身体，就连我都感觉自己的注意力突然被拉回到讲台。他重新吸引了观众的注意力。

他讲的这个故事是在参加我的培训项目时写下来的，而且我们也一起讨论过了。但即便如此，当我正式听他讲这个故事的时候，我还是会轻轻笑出声来。每一次，这些故事都会对我起作用，对你也一样。

我们的大脑是一个饥饿的器官。诺贝尔奖得主、心理学家丹尼尔·卡尼曼（Daniel Kahneman）[①] 指出，思考是一件很困难的事情，而且会消耗大量的精力。这就是为什么你忙了一整天，处理完某个棘手问题后，即便你没有离开过办公桌，仍感觉疲惫不堪。这也是为什么你的孩子不愿意为了化学考试而努力学习，只想一直在笔记本电脑上看电影。你不必对孩子太过生气，因为这只是一种生理反应罢了。我们的大脑经过进化，试图存储尽可能多的能量。正所谓“数据累人，故事悦人”。

我渐渐发现，注意力就像一个调光开关。我家的墙上有

---

① 诺贝尔经济学奖得主，被誉为“行为经济学之父”。他的著作《噪声》通过系统性研究，揭开“判断出错”的本质。该书中文简字体版由湛庐引进，浙江教育出版社于 2021 年出版。——编者注

个调节开关，专门用来控制餐桌上方的吊灯。有时我们会把灯开得非常明亮，而当我们想吃一顿浪漫的晚餐时，就会转动开关，调暗灯光。故事重置了注意力的调光开关。我们刚开始听到俄亥俄州那位高管的策略展示演讲时，我们既清醒、又专注，还满怀期待。我们的注意力调光开关处于最高位置。大约看了十几张演示文稿后，我们开始感到疲劳，注意力开始变“暗”。

当高管讲述故事时，他的这一改变重置了我们的注意力开关。我们疲惫的大脑在听故事的过程中得到了休息，这 2 分钟的故事足以让我们把注意力调回至最“明亮”的时刻。他通过故事把观众的注意力又拉了回来。身为观众的我们又可以重新投入注意力，集中精神观看下一轮布满数据的演示文稿了。

通过非科学地观察世界各地的许多观众，我发现：人们在经过大约 5 ～ 9 分钟繁重的脑力劳动后就会开始出现疲劳的迹象。于是，我大胆地做出如下假设：2 分钟的故事可以为你的数据、理论或说教换来观众 9 分钟的注意力。有没有神经科学研究人员愿意与我合作，用脑电图仪或功能性磁共振成像方法来验证这一假设？

当观众听你讲解了大约 9 分钟的演示文稿后，他们就会感到疲倦。此时，你的脑海中应该浮现出这个想法：我现在必须讲个故事。

实话实说，这一章都是一些图表及关于“故事的理想比例的假设”的讨论，我知道自己正接近失去读者兴趣和注意力的危险地带。因此我在这一章也使用了许多故事，比如汤姆质疑我对 TED 演讲的分析结果的小故事。大家可能已经注意到这一点了，这样做就是为了让你们阅读起来更轻松。因为每讲 2 分钟的故事就能够吸引你们 9 分钟的注意力，这样我就能持续阐述我的理论了。也许 9 分钟的注意力这个要求有点高。肯·罗宾逊在演讲中不到 4 分钟就会讲一个故事，以持续唤起人们的注意力，如图 5-9 所示。

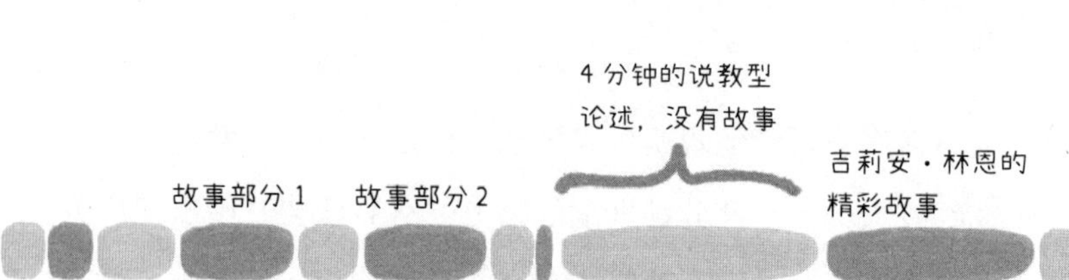

图 5-9 肯·罗宾逊演讲中的最长说教时间

如图 5-10 所示，在斯涅克的演讲中，故事之间的最长间隔只有 3 分钟。

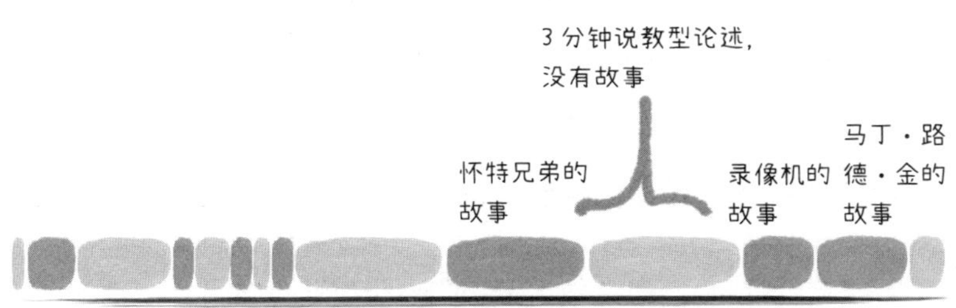

图 5-10　斯涅克演讲中的最长说教时间

在图 5-11 中你可以看到，本书第 1 章的最后一节有大约 6 分钟的说教型论述内容，没有任何故事。这是我使用文字处理软件根据总字数和平均阅读速度估算的。

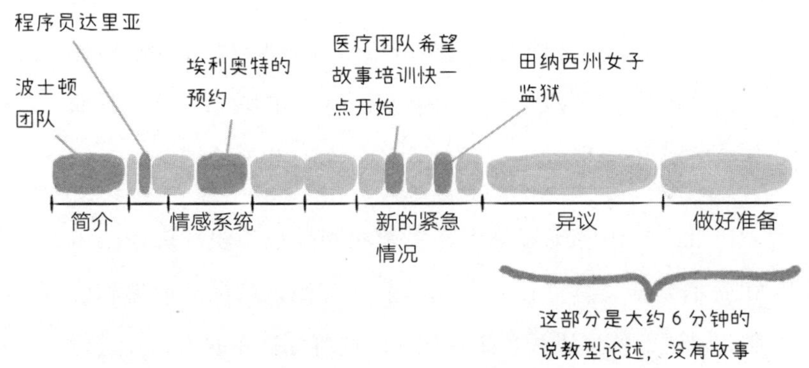

图 5-11　第 1 章中的最长说教时间

在第 2 章中，故事之间的间隔时长均不超过 5 分钟。诸如此类的证据还有很多。你明白我的意思了吧？你热爱你的演讲吗？你热爱你的观众吗？那么，就请用故事来馈赠对方吧，巧妙地为你希望传达的关键信息赋予生命，谨慎地把握思考和感觉之间的比例平衡。

最后，让我们来总结一下，当你想要通过演讲让观众积极参与、树立信念并付诸行动时，请考虑以下 4 个要素。

第一，在你的发言和演讲中，你希望观众记住的 2 ～ 3 个要点是什么？你的大脑中也许正在想：“但是我有 11 个要点！”这绝对不行。如果你的目标是让观众记住你的演讲，那么最多只能选 3 个要点。

第二，如何才能用独特的故事给每个要点赋予生命？你可以采用故事速写的方法来确定和开发你的故事资产，从而使这些要点鲜活起来，并引导观众达到你想要的结果。

第三，如何交替使用深色条块和浅色条块？讲述故事和展示数据交替进行。将你的演示文稿、数据、理论和说教、讲述的信息等浅色条块代表的内容穿插在故事之间进行展示。

第四，如何进行内容管理，使“讲述”信息的时间不超过“9 分钟”？你可以大声演讲，并用计时器计时。你在讲解理论、展示数据、说教上花的时间超过“9 分钟”了吗？如果超过了，你就有失去观众的危险。此时，立即讲个故事拉回他们的注意力。

认真练习，训练你的声音，让我们认识你，让我们相信你。

后记

STORY DASH

人们总是会被故事吸引

贝卡·史蒂文斯（Becca Stevens）是我知道的最会讲故事的领导者之一。她将自己的非营利组织“蓟草农场”改造成了一个享誉全球的康复中心，专门接收曾经误入歧途、身陷囹圄的女性幸存者。

现如今，蓟草农场的幸存者社区正在学习如何发展为一个领导力社区。他们生产和销售的家居、洗浴和身体护理产品价值达数百万美元。他们还经营着一家餐厅和一家咖啡店，那里总是挤满了音乐名人及政客等，人们经常会在那里举行婚礼、派对。

贝卡·史蒂文斯正是在分享故事的基础上建立了这个组织。“故事是我们治愈创伤，并让我们的组织发展壮大的核心。”她这样对我说。使组织不断壮大是贝卡最擅长的事情之一。她的合作伙伴网络遍布全球，为面临种族灭绝、贫困、移民等问题的女性幸存者创造了生存的机会。在过去的几年里，我一直是蓟草农场的董事会成员，并大力支持她们的工作。只要你在贝卡身边待上一小段时间，我敢打赌你也会愿意加入这个组织的。

贝卡给我们讲起了他们的故事。

> 多丽丝是蓟草农场一位优秀的成员。当她还是个孩子的时候，她目睹了父亲被杀的过程。由于童年创伤，她在青年时期沾染上了恶习，被困在田纳西州纳什维尔方圆10个街区的范围内整整26年，她在那里流浪，艰难为生。当我遇见多丽丝时，我看到的是一个满怀希望和恐惧的女人。
>
> 两年后，我们一起去会见佛罗里达州的一个团队，多丽丝对我说她从未见过大海。于是，出发那一天，我们起得很早，去海边看了日出，我有幸目睹了她第一次踩在沙滩上的样子，她体验着那种前

所未有的美妙感觉。当她第一次感受到潮水从脚趾尖退去而产生的微小的拉力时，她举起双手仰头看着天空，喃喃道："在我的一生中，潮水都是这样子的吗?"

只要月亮仍然围绕着地球旋转，潮水就会一直如此，或涨或退。唯一比潮水更强大、更长久的东西就是爱。有时候，一个团队就可以帮助我们感受爱的力量，记住爱的源头。

我已经听过好多次贝卡讲述"海边的多丽丝"及其他同样极具感染力的故事，所以，当她讲故事的时候，我不会去关注她，而是会去观察观众的反应，我总能看到观众某种身体和情绪上的反应：有些人会深呼吸，让自己的内心平静下来，而有些人会擦拭湿润的眼睛。

除了上述这些反应外，现场还发生了一些难以用语言描述的事情。当房间的气氛变得非常安静时，现场就会产生一种特别的能量。有一种现象被我的同事保罗·科斯特洛（Paul Costello）称为"故事传输"。当这种现象发生时，所有人都会沉浸在一个故事之中，人们甚至会对周围环境失去意识。我经常感到贝卡的故事可以让观众更深入地了解这些幸存者的内心，在这些故事里，观众会感受到一种比潮水更长久、更强大的东西。

当团队以集体形式分享故事、感受故事的魅力时，故事的力量就会增加。记得几年前，我参加了在家乡田纳西州举行的国际故事节。这是世界上最大的故事盛会，在位于琼斯伯勒的美丽的大烟山举行。成千上万的游客聚集在山坡上巨大的帐篷下。放眼望去，10月的山坡是一片橙色和黄色的海洋。讲故事的舞台在帐篷的对面，上面只有一条凳子、一个麦克风和一个讲故事的人。我记得有一个故事讲述人的故事把所有观众都惊呆了，台下的观众要么同时大口喘气，要么同时放声大笑，我感觉所有人变成了一个“单一有机体”。

也许当我谈及爱和单一有机体时，你们就对我所讲的内容失去兴趣了。也许你们心里会想：“老兄，我读这本书只是想向金融部门推销我们的技术解决方案罢了。”我知道你的想法，这也正是我写这本书的原因。你和其他读者之所以选择这本书，是因为你们都有迫切的商业需求。你们要么亟需销售你们的产品，要么需要构建公司的企业文化，要么想引导人们按照你们的战略计划行动。相信我，这一切都是值得的，这也是我大力推进的事业。但是，当我们选择凭借讲故事这种古老的技巧获取商业成果的时候，我不想让大家错过一些同样非常重要的东西。

博贝特·巴斯特（Bobette Buster）是一名故事顾问和讲师，他曾与皮克斯、迪士尼、20世纪福克斯等电影公司合作过。她曾告诉我，电影是一种转变的艺术形式。她还指出，人们总是会被故事所吸引，因为我们生活的终极目标都是在寻找以下3个问题的答案：

- 我会找到希望吗？
- 我会发生转变吗？
- 我会实现超越吗？

从某种意义上来说，你我都深陷于我们所扮演的角色之中，因为我们也在生活中寻找上述问题的答案。我们希望我们的世界变得更好。我们相信事情不会一成不变，在我们自己身上和我们生活里，那种天翻地覆的转变是有可能发生的。我们希望，在生命的大部分时间里，我们能从世俗的感受中解脱出来，去体验更伟大、更真实的东西。

你要知道，当观众身体前倾，沉浸在你讲述的关于销售、战略、品牌或文化的故事中时，上述 3 个问题就是拉他们双脚的“潮水”。你对这些问题谈论得越直接，你的领导能力就会变得越强。

你和其他领导者之所以选择故事速写，是因为你需要去实现某项业务目标或执行某项工作任务，这是你的工作职责。我们会帮助你的。在练习故事速写的过程中，许多参与者都找到了他们想要的最佳销售故事或战略故事，他们会对我说“谢谢你的这个项目”，然后继续做自己的事情。

有时候你得到的会更多。你可能会惊奇地发现自己无意间看到了人性深处的东西。参与者以不同的方式表达了他们的发现：

> “我感觉自己就像是第一次发出声音似的。”
>
> “今天这里发生的一切让我感受到一种强大的力量，我需要好好思考一下。”
>
> “这让我想起年轻时自己对这份工作感到兴奋的原因，也提醒我不要忘记选择这个行业的初心。我想要再次感受那种‘饥饿感’。”
>
> “我们感到房间里发生了一些变化。”

“这就好像我刚刚发现自己拥有一种自己不曾知道的天赋。”

“这具有深远的影响。”

我希望你能继续讲述商业故事。钓鱼时，我们会站在岸边，把手里的渔线甩入水中，希望能够钓到一些，丰富一下晚餐。但有时你会感受到一股永恒的“潮水”在拉着你，把你与一些更深刻、更真实的东西联系起来。在未来讲故事的过程中，你也会意识到，这种事情在你的人生中一直在发生。

附录 A

STORY DASH

故事速写卡

本书的第 2 章中，我简单介绍了 6 张故事速写卡，你可以在这里更加详细地了解这些卡片。

为了获得最佳效果，更理想的做法是将这些卡片打印在厚一点的纸上，并裁剪成相同大小，以便对它们进行分类和排序。

延续性
创新性
转变性
开始的时候是这样的
“在开始时我们的确有特别之处。”
你有没有注意过每个超级英雄出身的故事？要想真正了解这些超级英雄，你就必须知晓他们的出身。
每个组织机构也有自己从无到有的发展故事，而这些故事是该组织机构身份信息的基本构成要素。因此，通过讲述这些故事，你可以创造出强大的延续性。
所谓“开始”并非只指公司的创立。就像我们讲一个人“开始的故事”也并不是只讲这个人出生的故事。当你初入一个行业或者晋升至一个新的职位，也都是你开始的故事；每当你开展一个新的项目，你就会拥有一个“开始的故事”。
找出你的故事
给我讲讲你们公司开始的故事吧，告诉我你们公司从开始到现在一直拥有的东西。
延续性
创新性
转变性
企业价值观的力量
“我们不会因为自己的与众不同而妥协。”
消费者和市场感兴趣的远不止你们提供的产品、服务或业务。他们想了解你们，想知道你们有何特别之处，以及你们的信仰。
许多企业会把他们的价值观写在企业网站上，你知道怎样做效果会更好吗？答案是讲故事。给我们讲一个企业的营销决定因价值观而发生改变的故事。这些告诉大家你们“怎么做”的故事，能够以最难忘的方式树立企业形象，体现企业价值观。
找出你的故事
给我讲讲，你们有没有曾经为了坚守价值观而付出惨痛代价的故事。具体发生了什么事情？
延续性
创新性
转变性
迈出勇敢的一步
“我们用行动战胜阻碍。”
我们把组织机构调整看作宏大的策略，但实际上，每当人们做出不同的选择时都会带来改变。
专家提示，你希望团队做出怎样的行动，你就应选择能够展现这些行为的故事。故事就像是一种模拟装置。聆听者会通过创建肌肉记忆的方式“经历”你的故事，就好像他们自己曾做出这些行动似的。这类故事在组织机构调整中能发挥强大的作用！
找出你的故事
给我讲讲，你们有没有见过谁或者你们自己曾勇敢地做出改变？他们（或你们）是怎么做的？具体发生了什么事情？
延续性
创新性
转变性
假如这件事发生在我们这里
“这样的可能性饱含力量。”
故事速写是让人梦想成真的最好方式之一。只不过，梦想存在于未来，你又如何去讲述一个还未发生的故事呢？
走出公司，去看看其他地方是否有相关的故事。有时候，外来的故事可能发生在一个与我们完全不同的世界，但它足以影响我们的团队，给我们带来改变，让我们思考：“我们的情况虽然有很大差异，但假如某些情境发生在我们团队，那会怎么样？”
找出你的故事
给我讲讲，你们有没有见过一些你们公司没有，却非常有价值的东西？可以试想一下如果我们拥有这些东西会是什么样子。
延续性
创新性
转变性
达到我们的最佳状态
“如果更多的人那样做，我们一定会更好！”
变革有时候起源于我们公司或团队内部。每当团队里的某个成员做出表率，你应该抓住这个绝佳的机会，对这位成员的行为进行大力宣传，确保每个人都能注意到。
根据“欣赏式探询”理论，这些关于“我们的高光时刻”的故事具有强大的吸引力，会促使人们积极效仿。此类故事讲得越多，你就会在公司内部看到越多希望看到的行为。
找出你的故事
给我讲讲你们在工作中的高光时刻吧。那一刻，你们一定感到非常自豪，具体发生了什么事情？
延续性
创新性
转变性
找到解决办法
“我们解决困难时的风姿。”
那些反映“过程”的故事非常有效，但领导者往往没有抓住机会把它们讲出来。
多讲一些关于“过程”的故事，可以让股东看看你或你的团队发挥创造力去解决困难时的风姿。如果能给这些故事添加一些神秘色彩，它们就会更令人信服。例如，你可以说：“我们最开始采用了一些方法，却发现这些方法都没用。然后，我们尝试了另一种方法，问题终于得以解决。”
找出你的故事
给我讲讲你们面对困难的故事吧，你们最终是怎么解决的？

图 A-1　6 张故事速写卡

延续性
创新性
转变性

开始的时候是这样的

“在开始时我们的确有特别之处。”

你有没有注意过每个超级英雄出身的故事？要想真正了解这些超级英雄，你就必须知晓他们的出身。

每个组织机构也有自己从无到有的发展故事，而这些故事是该组织机构身份信息的基本构成要素。因此，通过讲述这些故事，你可以创造出强大的延续性。

所谓“开始”并非只指公司的创立。就像我们讲一个人“开始的故事”也并不是只讲这个人出生的故事。当你初入一个行业或者晋升至一个新的职位，也都是你开始的故事；每当你开展一个新的项目，你就会拥有一个“开始的故事”。

找出你的故事

给我讲讲你们公司开始的故事吧，告诉我你们公司从开始到现在一直拥有的东西。

图 A-2 “开始的时候是这样的”卡（正面）

“弗朗西斯科的菜园”

我们的创始人塔米的第一份工作是在一家公立学校当老师。当她发现学校里有很多孩子营养不良时，她十分伤心。

一天晚上，她受邀去一个学生家里家访。这个学生叫弗朗西斯科。塔米发现他们全家人的晚餐居然只有薯片和其他一些垃圾食品。塔米说，当她看到这一切时，她感到难以置信。难怪像弗朗西斯科这样的孩子在学习上感到如此吃力！

于是，塔米开垦出班级的第一个菜园，并把种菜打造为一个班级项目，这样她的学生就可以把有机的新鲜菠菜和西红柿带给他们的家人。弗朗西斯科和其他孩子感到很自豪，因为他们吃到了自己种植的食物！

这是 10 年前的事了。如今，我们在 11 个县区建立了蔬菜温室大棚，帮助几十个社区管理他们的蔬菜。

由于经济的原因，我们获得的资助减少了，我们正面临艰难的抉择。但是，我们的使命始终如一！我们一定会守护好孩子的粮食安全。我们永远不会改变这一承诺。

图 A-3 “开始的时候是这样的”卡（背面）

延续性
创新性
转变性

企业价值观的力量

"我们不会因为自己的与众不同而妥协。"

消费者和市场感兴趣的远不止你们提供的产品、服务或业务。他们想了解你们，想知道你们有何特别之处，以及你们的信仰。

许多企业会把他们的价值观写在企业网站上，你知道怎样做效果会更好吗？答案是讲故事。给我们讲一个企业的营销决定因价值观而发生改变的故事。这些告诉大家你们"怎么做"的故事，能够以最难忘的方式树立企业形象，体现企业价值观。

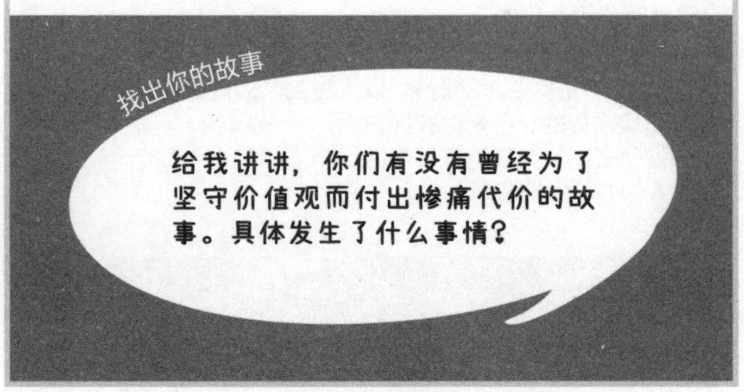

图 A-4　"企业价值观的力量"卡（正面）

“任何人都可以拯救生命”

像我这样在医院财务部门工作的人，很少有机会去拯救一个人的生命，但事情就这样发生了！

有一天，我在社交媒体上看到了一则关于一个委内瑞拉的小女孩的故事。她患有一种疾病，而治疗这种疾病恰好是我们医院研究人员的专长。我心想：“这个孩子的病看起来可以在我们医院得到治疗！”但我不是医生，所以，我决定给威尔伯医生打电话，他负责这个领域的科研工作。一想到要给像威尔伯医生这样的医院高层打电话，我就莫名地感到紧张，但威尔伯医生非常有礼貌，听得很认真！听完我的讲述后，他说他对这个情况很有兴趣，但我们需要了解更多信息。

于是，我又在社交媒体上与这家人取得了联系，我告诉他们：“我也许能帮助你们找到治疗的方案。”很快，我们医院为他们筹款购买了机票，他们全家登上了飞往休斯敦的飞机！如今，小女孩已经完成了治疗，生活得很健康快乐。

我们医院始终坚持“以人为先”的价值观。这是真实践行的，不是口头说说而已。无论你在医院中身处什么岗位，在这里工作的每个人都有责任践行“以人为先”的价值观。

图 A-5 “企业价值观的力量”卡（背面）

延续性
创新性
转变性

迈出勇敢的一步

"我们用行动战胜阻碍。"

我们把组织机构调整看做宏大的策略，但实际上，每当人们做出不同的选择时都会带来改变。

专家提示，你希望团队做出怎样的行动，你就应选择能够展现这些行为的故事。故事就像是一种模拟装置。聆听者会通过创建肌肉记忆的方式"经历"你的故事，就好像他们自己曾做出这些行动似的。这类故事在组织机构调整中能发挥强大的作用！

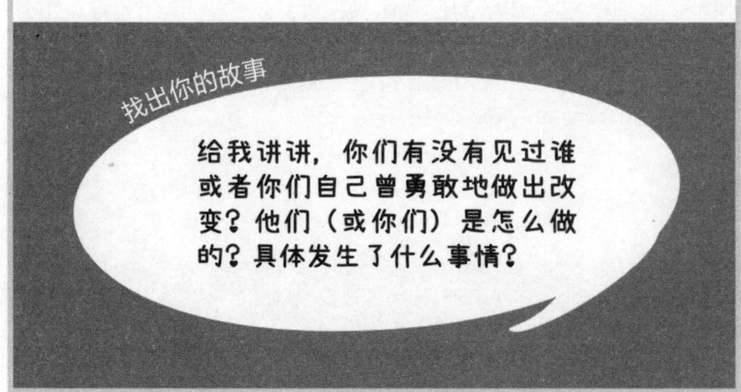

图 A-6 "迈出勇敢的一步"卡（正面）

“透明度就是倾听”

一年多来，我们一直在谈论要打造面向客户极致透明的公司形象。老实说，我们的进展实在太慢了。我也知道，这是一个非常艰难的过程！

正因为如此，我对桑杰周一的表现印象深刻。他打电话给生物网络公司的业务主管罗恩，说：“我想和你再见一面。”罗恩回答：“桑杰，我们两个再见面也没什么意义了。我们已经决定这次不聘请你们的团队，而是与你们的竞争对手合作。”桑杰立即解释道：“我知道。我没有打算让你们改变决定。我只是想和你聊一聊，听听你的想法，因为我觉得上次在征询意见的过程中我们没有好好地听取你们的需求。”

于是，罗恩同意了，桑杰开车去赴约。整整一个下午，他向罗恩问了许多问题，他没有试图推销任何东西，只是谦虚地倾听。会面结束的时候，罗恩真诚地说道：“我真的很感动。这正是我们公司所看重的合作伙伴关系。”现在，罗恩常常积极地为我们寻找合作项目！

桑杰的所作所为让我深受鼓舞。试想一下，如果我们每个人都能像桑杰一样，以谦虚的态度去仔细倾听，我敢肯定，我们希望打造的面向客户极致透明的公司形象一定能成为现实。

图 A-7 “迈出勇敢的一步”卡（背面）

延续性
创新性
转变性

假如这件事发生在我们这里

"这样的可能性饱含力量。"

故事速写是让人梦想成真的最好方式之一。只不过，梦想存在于未来，你又如何去讲述一个还未发生的故事呢?

走出公司，去看看其他地方是否有相关的故事。有时候，外来的故事可能发生在一个与我们完全不同的世界，但它足以影响我们的团队，给我们带来改变，让我们思考："我们的情况虽然有很大差异，但假如某些情境发生在我们团队，那会怎么样？"

找出你的故事

给我讲讲，你们有没有见过一些你们公司没有，却非常有价值的东西？可以试想一下如果我们拥有这些东西会是什么样子。

图 A-8　"假如这件事发生在我们这里"卡（正面）

“打印自己的鞋子”

上个星期，我去了纽约。工作会议结束后，还有一点时间，于是，我就在曼哈顿周边闲逛。我走进一家很酷的专卖定制运动鞋的商店。

我想强调的是，这些鞋子是完全可以定制的！你可以在电脑自助服务终端上选择你喜欢的样式，甚至可以上传你自己的绘画作品，把它打印到鞋子上。店里有一台神奇的“鞋子打印机”，你可以一边等待，一边观看鞋子制作的全过程！这个过程非常吸引人，我被深深地震撼到了。最后制作出的鞋子正是我想要的，于是，我买下了这双鞋子！

在我们生活的时代，技术使大规模定制成为可能。假如这种大规模定制发生在我们这里会怎么样？

在我们医疗器械行业，我们从未谈论过这种定制服务。但是，这为什么不可以呢？客户的需求千差万别，如果我们可以让客户自主选择，让他们参与整个制作过程，你认为这会带来怎样的结果？你认为我们自己的“定制鞋子打印机”会是什么样子的？

图 A-9 “假如这件事发生在我们这里”卡（背面）

延续性
创新性
转变性

达到我们的最佳状态

“如果更多的人那样做，我们一定会更好！”

变革有时候起源于我们公司或团队内部。每当团队里的某个成员做出表率，你应该抓住这个绝佳的机会，对这位成员的行为进行大力宣传，确保每个人都能注意到。

根据“欣赏式探询”理论，这些关于“我们的高光时刻”的故事具有强大的吸引力，会促使人们积极效仿。此类故事讲得越多，你就会在公司内部看到越多希望看到的行为。

找出你的故事

给我讲讲你们在工作中的高光时刻吧。那一刻，你们一定感到非常自豪，具体发生了什么事情？

图 A-10　“达到我们的最佳状态”卡（正面）

“杰克的企鹅梦”

当疫情来袭时，我们不得不关闭水族馆。对我们来说，那是一段极其痛苦的时光。

有一天，我们收到了一位女士的来信，她的儿子杰克是个患有孤独症的小男孩。她在信中写道：“在疫情暴发前，我答应了杰克带他去你们水族馆的礼品店，因为他在那里看到了一个装满塑料企鹅的袋子，他非常喜欢。一旦我对儿子做出承诺，他就永远不会忘记！所以现在他一直央求我给他买那一袋玩具企鹅。”

我们的财务总监莫里斯听说了这件事，他立刻表示：“我们必须帮助杰克实现他的愿望！”于是，那个星期六，莫里斯开了 1 个小时的车去了杰克的家。他代表水族馆把那一袋玩具企鹅作为礼物送给了杰克，他说他看到杰克立刻变得活跃起来。然后，他还特别邀请杰克和他的妈妈在本周晚些时候来水族馆，帮助饲养员投喂企鹅！

管理水族馆是一件很复杂的事情，每一位工作人员都在非常努力地工作，但如果我们每天的工作都与快乐和奉献联系在一起，那么就没有什么困难可以阻挡我们！

图 A-11 “达到我们的最佳状态”卡（背面）

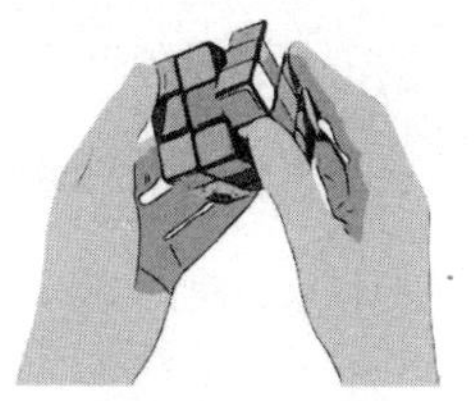

延续性
创新性
转变性

找到解决办法

"我们解决困难时的风姿。"

那些反映"过程"的故事非常有效，但领导者往往没有抓住机会把它们讲出来。

多讲一些关于"过程"的故事，可以让股东看看你或你的团队发挥创造力去解决困难时的风姿。如果能给这些故事添加一些神秘色彩，它们就会更令人信服。例如，你可以说："我们最开始采用了一些方法，却发现这些方法都没用。然后，我们尝试了另一种方法，问题终于得以解决。"

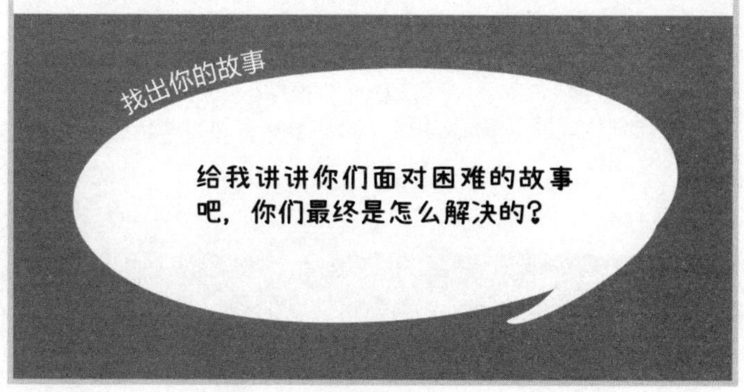

图 A-12　"找到解决办法"卡（正面）

“巧数电线杆”

当时，我们正为一家市值 30 亿美元的公用事业公司提供服务，我们的工作任务是监控该地区内每台变压器的位置。

这项工作几乎是不可能完成的，因为在这样一个乡村地区，根本就没有数据统计。当我们得知没人拥有数据时，我们感到非常惊讶！一想到要开车四处寻找每一根电线杆，我们就觉得这项工作简直是一场噩梦，就像大海捞针一样。我们都一筹莫展。

那天晚上，我们团队在会议室工作到很晚。当大家正吃着比萨的时候，年轻成员安雅突然说：“我想到一个办法！我们可以使用谷歌街景制作一张该地区所有用于公共用途的杆子的图像，然后借助人工智能引擎分析这个图像，识别并计算出电线杆的数量。”

听到这个办法，我惊讶得差点把手里的比萨掉在地上！多么聪明又简单的解决方案啊！安雅写好了代码，开发了这个软件。这个软件非常好用，现在我们把这个软件提供给许多城市使用。由此可见，我们总是在说的创新不仅仅是开发出先进的软件，还包括像安雅这样能够以不同的思考方式来解决遇到的大难题。

图 A-13 “找到解决办法”卡（背面）

附录 B

STORY DASH

常见问题

以下是人们在构建他们自己的故事时经常提出的问题。

- **问题 1：实施故事速写过程是否有文化语境上的差异？如果我与不同国家的公司合作，我要如何改变我的讲述风格以适应当下的文化语境呢？**

- 回答：我和很多跨国公司合作过，遇到过很多跨文化交流的情景。比如，美国的领导者想要吸引亚洲观众的注意力，德国的领导者想要吸引印度观众的注意力，等等。故事速写过程中确实会面临文化上的差异，但是相似性才是最重要的。

每一个人都会讲故事。故事结构在每一种文化背景下都是相同的。那些来自美国不同地区，甚至欧洲、亚洲、非洲的领导者都成功地在故事画布上构建了自己的故事，因此，我们没有必要做任何调整。

不同文化之间最大的差异在于情感的表达方式不同。一位来自阿姆斯特丹的领导者曾坦言，他认为我的情感表达“有点夸张”，还有些人觉得我在示例视频中的表现“美国风格过于明显”。换句话说，他们觉得我的情感表达过于浓烈，背景音乐也过于戏剧化。有人曾对我说：“美国人总喜欢把所有东西都变成迪士尼风格。”顺便澄清一下，虽然这些话听起来像是严厉的批评，但其实不是，我恳请对方与我这样直接地交流，因为我认为谈论文化差异非常有趣。不同于对方对我的反馈，我曾建议那些领导者在与他们的纽约同事相处时，不要太过拘束，可以放松一点，多一点亲密互动。

其实，说得直白一点，要想适应说话时的文化语境，大家就要控制好情感调节器。故事讲述者应该根据观众的特点，选择合适的情感表达方式，但是，大家从来没有质疑过讲故事这件事。我听过来自南非、印度、菲律宾、俄罗斯和韩国等许多国家的企业领导者讲的故事，因此我可以向你保证，语言具有共通性，而讲故事是语言最奇妙的表现形式，同样具有共通性。

- 问题 2：所有故事都必须遵循故事画布的顺序吗？我的故事必须包含所有构成元素吗？

- 回答：你在创建故事的时候不必一直遵循故事画布上的顺序。画布上的故事结构具有普遍性，遵循上面的结构对你有好处。如果你想学习讲故事，训练讲故事的技能，那么，用故事画布是一个很好的开始。因此，我建议你按照故事画布上的顺序练习，慢慢地，你就会对讲故事充满信心。

此外，讲故事具有极大的灵活性。在这本书中，我有许多故事都没有严格遵循故事画布上的结构。你还记得我在第 5 章提到的汤姆的故事吗？我用肯 · 罗宾森的演讲作为论据来证明我的假设，他质疑我得到的结果。其实在那个故事中，画布上的好几个构成要素都缺失了。例如，故事中没有时间和地点的标志词，也没有“最后……”那部分。前文提到关于程序员达里亚的故事，其结构更为零散，有人可能会觉得那根本算不上一个故事。这没有关系，每个人有不同的看法。那个故事虽然没有包含故事画布上的全部构成要素，但它还是帮助我实现了我的目的。

其实，就算你的故事只包含几个要素，也可以非常吸引人。在构建故事的时候，画布上的要素包含得越多，你与观众之间建立的联系就会越紧密。

你也可以自己调整故事顺序。比如，你可以从故事的结尾或者中间讲起，然后倒回去讲开头。你可以用这样的语言引出开头：“所以，我们为什么会陷入这种疯狂的处境呢？让我们一起去探寻这一切的缘起……”

我再补充一句，请自由使用故事画布上的结构。当你熟悉整个过程之后，你就可以慢慢开始任意尝试各种故事结构，轻松地创建自己的故事了。

- **问题 3：故事究竟需要讲多长时间？我可以减少讲故事的时间吗？**

- 回答：在故事速写过程中，在我们完成故事开发，并讲过多个故事之后，心中经常会有这样的疑问。遵循故事速写的过程，我们会创建出一系列结构完整的故事。在连续听过多个结构类似的故事之后，我们不禁问自己：“我们就不能把故事缩短一些吗？”

故事当然可以缩短，而且你也应该这样做。

如果你连续完整地讲述了好几个故事，且它们都是按照故事画布上的结构创建的，是以“我曾经”开始的，那么观众很可能已经察觉出不对劲了。既然如此，那我们就打破故事结构的完整性。在日常会话中，我们分享的大部分故事都是碎片式呈现的。这本书中的好几个故事都是以这种不完整的结构呈现出来的，比如我刚提到的程序员达里亚的故事。

我这里有一个好方法也许可以帮助你，即“5-30-90”法。所谓“5-30-90”法就是当你基于故事画布构建了完整版本的故事之后，你可以先讲一个 5 秒版本的故事，然后再讲一个 30 秒版本的故事，最后再讲一个 90 秒或者更长时间版本的故事。

例如，在第 5 章，我讲了一个很长的故事，即我对 30% 假说研究的故事。时间长的版本适合于书稿，但是如果在节奏明快的日常对话中，我可能会选择讲述 5 秒的版本："我有一个假设——作为领导者，交流中 30% 的时间应该以故事的形式呈现。在分析了许多像 TED 演讲一样精彩的演讲之后，我证实了这个假说。"

我计时过，这个故事我一开始讲了差不多 7 秒钟。我们也不用那么严格。

这个 5 秒钟左右的故事很可能会激发观众的兴趣，有人就会问："不好意思，你刚才说什么？ 30%？ TED 演讲？请详细解释一下吧！"这是最理想的情况，观众积极地想要从我这里获得更多的信息。这也是我们希望看到的场面。特别是当我们在推销东西的时候，如果发生这种情况，那就完美了。在观众的要求下，我就可以讲 30 秒和 90 秒的版本了。我可以这样说："事情其实是这样的，有一次我访问了 TED 网站，因为我心中有一个假说需要证实……”但是，即使观众没有要求我讲更长时间版本的故事，也不要紧，至少我已经在交谈中透露了关键的数据信息：

1. 我曾做过一份关于有效沟通的分析。
2. 结论是，30% 的沟通时间应该用来讲故事。

你能听到哪些信息对于我来说非常重要，我那 5 秒钟的讲述足以在交谈中传达这些信息了。对于你要讲的每一个故事，你都应该分别准备好 3 个版本的故事：5 秒的、30 秒的和 90 秒的。然后，读懂你的观众，并根据具体情况及时进行调整。

● 问题 4：你给我讲故事是在操控我吗？

● 回答：我在本书中讲了这么多故事，是因为我相信故事的力量。我喜欢讲故事，也相信故事的力量——它可以改变你的工作状态，改变你的领导力话语权，甚至还有可能改变你的自我认知。通过这本书，我也想让你相信故事的力量。我希望你去感受故事的力量，为之兴奋，然后再去尝试讲故事。

这是操控吗？不，我认为这是“说服”。

“操控”这个词是个中性词，它的意思更贴近“移动”。当我去找我的脊椎推拿治疗师看病时，我希望她通过按摩“移动”我的脊椎使其回归正常状态。作为一名领导者，不管是在你自己的团队内部还是在整个市场竞争中，你的任务也是通过移动、调整等方法，确保一切工作正常开展，这和我的脊椎推拿治疗师做的工作类似。如果你相信你正在做的事情，并且笃定这件事能给公司带来价值和公平，那么，讲故事不仅是一个高尚的追求，也是你作为领导者的核心责任。

- 问题 5：当我发现一个好故事后，如果要我一次又一次地去讲，我会感到很奇怪。这种感觉正常吗？

- 回答：我也有这种感觉。“故事资产”的概念说明故事是非常有价值的，它产生的结果是很有信服力的，因此你会发现自己一遍又一遍地讲述某个故事。但同时，对于某些人来说，反复讲同一个故事可能会觉得尴尬。

当我面对一群人讲话时，如果我发现有观众曾经听过我讲的故事，我就会变得有些不自在，因为接下来他们又要听我讲老故事了。我希望给我合作的团队带来的都是即兴的、新鲜的故事。所以，当听到有人说“我早就听过这个故事”时，我会感到非常尴尬。我问过其他培训师和演讲者，他们坦言也有同感。

作为一名具有影响力的领导者，这种事情是无法避免的。我没有解决这种问题的方案，但是我有一些方法可以帮助你减轻这种问题带来的影响。当我和同一个组织有多次合作时，我会记下我和这个组织中的不同小组进行交流时分别使用了哪些故事，这样我就会尽量在下一次合作中少讲一些重复的故事。

话又说回来，我们的重点不应是如何避免重复地讲一个故事，而是如何讲好故事，以实现预期目标。当我相信一个故事的时候，我不会在每次交流中过分关注这个故事是首次提及的还是之前讲过的。

在后记中，我提到我的朋友贝卡曾多次讲过“海边的多丽丝”的故事。我很喜欢这个故事，不管听多少遍都不会感到厌倦。我希望她把这个故事一直讲下去，直到完成她的使命。

- **问题 6：难道讲故事就没有什么缺点吗？**

- 回答：这个问题也很常见，因为大家都看到了有害的故事是如何影响人的。比如，不正常的人际关系、侮辱性的邪教行为以及法西斯对政治权力的滥用，这些都是故事带来的恶劣影响。故事的确有缺点，有些缺点甚至是致命的。

我有幸能和迈克尔·麦克雷一起工作，他是一位出色的同事，我在前面也提到过他。他写了一本关于故事的负面影响的书《我不是你的敌人》(*I Am Not Your Enemy*)。他在书中写道：“我认为，讲故事的最高目标之一，以及创建与我们生活相关的故事的最高目标之一，应该是通过培养同理心，揭露生活真相，以协调人际关系。故事是充满力量的，讲故事可以让我们变得更好，也可能把我们变得更糟糕。我们讲述的故事及我们听到的故事一直在以直观的或者微妙的方式影响着我们。我们应该认真考虑哪些故事才可以真正吸引我们。”

你要知道，作为一名会讲故事的领导者，你手里掌握着一种极其强大的力量。作为正直的领导者，我们的职责就是讲述那些让人类社会更公平、社会制度更健全的故事。

- **问题 7：故事必须是真实的吗？**

- 回答：这是我最喜欢的问题之一！回答只有一个字：是。你的故事应该是真实的。作为领导者，我们的工作任务就是指出事实和可能性。如果你讲的故事歪曲事实，你就会受到指责，而这会对你的信誉和影响力造成严重的损害。所以，捏造故事是非常不值得的。

我也许会问：“你所说的‘真实’是什么意思？”我有一个朋友，他是一位神父，他常说：“问题并不在于《圣经》是不是真实的，而在于《圣经》从哪方面看是真实的。”

希腊语中的“感性和理性”概念认为道理可以是代表性的，也可以是字面意义上的。比如，假如我给你讲那则古老的乌龟与兔子的寓言故事，并告诉你其中包含的“欲速则不达”的哲理，接下来，我问你：“这则故事是真的吗？”你可能会说：“对啊，这是真的。”也就是说，你认可了这个寓言故事的真实性和有益性。这就是一种感性的表现。你不会从字面上理性地分析这个故事并承认这个故事的真实性，因为我们并不会真的认为有这样一场比赛——一只决心坚定的乌龟打败了一只信心满满的兔子的比赛。

我们常常在理性和感性之间来回转换，即使在企业内部，这种情况也常出现。很多企业都拥有自己的故事，其中包括企业创立的故事。这些故事随着岁月流逝发生了巨大的变化，于是已经没有人确切地知道当年到底发生了什么。这些带有神秘色彩的故事仍然具有很高的价值，它们对于身份认同至关重要。

一个领导者要分清楚代表性的道理和字面意义上的道理，避免混淆。这一点很关键。

- **问题 8：如果一个公司的文化中充满了负面的或有害的故事，你会怎么处理？**

- 回答：每个公司都有阴暗的一面，这是正常的。人类系统是由不完美的人组成的，所以不可避免地会出现功能障碍的问题。作为一名会讲故事的领导者，你应该讲出那些负面故事。不要去掩盖、扼杀它们，相反，你要承认、讲述它们。你可以说："你讲得很好……"然后再接着讲"达到我们的最佳状态"的故事。你可以说："我明白你的意思，这的确很糟糕，我也碰到过这样的事情，我们需要处理很多乱七八糟的事。但如果我们可以以超凡的意志力和创造力面对这一切，情况就会有很大的改善。"这些话可以鼓励人们向前看。应对负面故事的最佳方法就是给观众讲一个更加积极的故事。

大卫·库珀里德博士提出的欣赏式探询是一种由故事驱动的组织发展方法。在《欣赏式探询》(*Appreciative Inquiry*)一书中，他提出组织变化的"趋光性原则"。在植物学中，那些像向日葵一样的趋光性植物总是面朝太阳。同样，公司系统也具有趋光性。如果公司内部总是出现一些正面的形象，总会听到一些积极的故事，那么公司就会自然而然地朝着这个方向发展。

作为一名领导者，你拥有的力量超乎你的想象。要想在充满负面故事的企业文化中凸显自己，最好的方法就是多讲一些令人信服的“最好的我们”的故事。

- **问题 9：“电梯演讲”是故事吗？品牌信息是故事吗？融资演讲稿是故事吗？你能帮我们分辨一下吗？**

- 回答：如果按照经典的故事的定义，就像我在本书中使用的定义一样，那么，你所说的这些都不是故事。

这个话题目前还存在争议。对于“什么是故事”这个问题，就连故事理论家也很难解释清楚。我的朋友保罗·史密斯（Paul Smith）是一位杰出的领导力故事方面的咨询师。我很欣赏并且赞同他关于故事的一个定义：故事讲述的是人以及发生在他们身上的事。

按照以上定义，“电梯演讲”不是故事。在 30 秒内清晰地表达你的价值主张是一种宝贵的语言训练，我非常支持大家学习和了解“电梯演讲”。但是，准确地说，“电梯演讲”不能被称为故事。

如今，很多人会用“故事”一词来表示非故事的事物。其实，每当有领导打电话请我帮他们厘清故事的时候，我的第一反应是了解他们口中讲的“故事”是什么意思。他们通常所说的故事是指他们的业务展示或者融资演讲的“信息逻辑”或“整体结构”。同样，也有很多人误以为品牌信息就是故事。

了解客观陈述和故事之间的区别，对你准确认识并掌握故事能力有很大的帮助。你的业务展示卡上或者品牌信息中可能包含“客观陈述的元素”，比如从问题开始，经过一次转折，最后得出一个满意的解决方案。即使你没有指出主人公、时间和地点等元素，我们仍然可以从中了解事情的开始、经过和结果。

如果你打电话给我，说：“我们想要创建自己的故事。”我就知道你所说的是真实意义上的故事，那么我就可以遵循故事速写过程，一步一步地帮你找到适合的故事。当然，我们还可以借助雄厚的故事资产，以提高你的融资演讲和品牌信息的吸引力。

- **问题 10：戴维，你是怎么进入这个行业的？**

- 回答：我曾是一个广告撰稿人，在 20 世纪 90 年代，我先后在得克萨斯州的达拉斯市和佐治亚州的亚特兰大市的大型广告公司工作。我每天都在写汉堡广告，慢慢地，我对这样的工作感到厌倦，所以我选择离开广告公司。我想写关于领导力、团队和创新方面的东西，于是我把广告撰稿人的敏感性带到了培养组织领导力的工作中。

20 世纪 90 年代后期，我在亚特兰大的可口可乐公司工作。就是在那时，我做出了人生中的一个重要决定——全身心投入研究组织机构如何讲好故事。那时，我接到一项工作，即创造一种新的沟通方式，帮助员工理解什么是“学习型组织”。于是，我写了一则关于一群羊利用聪明才智打败一群饥饿的狼的寓言，这听起来有点不可思议。这则寓言展示了学习型组织的强大潜能。我把这则寓言整理成一本书，又请插画师朋友博比・贡贝特（Bobby Gombert）给这本书加上有趣的狼和羊的插画，如图 B-1 所示，我给这本书起名为《比狼学得快》（*Out Learning the Wolves*）。

图 B-1 《比狼学得快》插画

这则寓言很有趣，但有点奇怪。当我第一次把这本寓言交给顾客时，我觉得自己很有可能会被可口可乐公司解雇。

后来，这本寓言故事书被一位出版商看中，并出版发行。这本书还被翻译成十几种语言，全球销量超过了 250 万本。我听说有团队正在筹划《比狼学得快》的舞台剧，日本的一个警察局甚至举办了一场相关的木偶戏，并把它称为变革的“催化剂”。

《比狼学得快》这则寓言广受喜欢的现象让我措手不及，我不禁问自己：为什么这种方法能在不同的文化背景下都奏效？这背后有什么机制如此吸引人们的注意力，并引导人们进入学习对话？这些问题让我走上了故事研究之路。我发现这非常有趣，所以坚持了下来。

在过去的这些年里，我针对上述疑问做过很多次实验，也和很多领导者一起合作去寻找并讲述他们的故事。在此基础上，我开发了一门学习课程——“讲故事的领导者”，并不断丰富完善。故事为我开启了一段精彩的工作之旅，让我有机会环游世界，有幸见到那么多杰出的领导者，听他们讲述那些难以忘怀的故事。这一切实在是太美妙了。

- **问题 11：这种讲故事的方法有什么理论依据吗？**

- 回答：我讲述故事的方法以及我的世界观很大程度上是受以下理论的影响。

  - **欣赏式探询：**欣赏式探询是一种促进组织发展的方法，它利用正面积极的故事激发人类的潜力和能量，推动系统发生变革。

  - **系统理论：**在我 20 多岁的时候，我在可口可乐公司见习，彼得·圣吉（Peter Senge）的著作《第五项修炼》(*The Fifth Discipline*) 让我对组织世界产生了浓厚的兴趣。系统理论包含的目的驱动设计、多层次因果关系和反直觉改变杠杆，对于年轻的我来说，简直大开眼界。此外，克里斯·阿吉里斯（Chris Argyris）的推理阶梯为我打开了关于知识构建和意义创造的大门，我在讲故事时经常使用推理阶梯的理论。

  - **复杂性理论：**为适应复杂的系统而逐渐形成的组织内部的沟通语言与用故事进行的会话之间具有一定的联系。所有的系统都有一个“吸引器”，而组织则围绕着这个“吸引器”而出现。例如，当我把一把弹珠扔进一个碗里，它们会先弹跳起来，最终聚集在碗底部的某个区域内。这是一个简单的关于“吸引器”的例子。而在社会系统中，“吸引器”很少如此直观。在复杂的社会系统中，我们所讲述的故事往往是人们组织事物时的最强大的“吸引器”。传奇作家兼神话学家约瑟夫·坎贝尔（Joseph Campbell）[①] 认为：“如果你想改变世界，你就必须改变隐喻。”

- **社会建构主义**：这是列夫 · 维果茨基（Lev Vygotsky）的理论。他认为我们的世界和我们所知道的一切都是人类语言的产物。当我们讲话时，我们就在建构。人们通常认为故事讲完之后才会带来价值或产生结果，但其实干预在讲述故事的那一刻就发生了。库珀里德将这种现象背后的原理称为同时性原则，但我更喜欢科幻小说家厄休拉 · 勒 · 奎恩（Ursula Le Guin）所说的：“文字就是事件”。

---

① 坎贝尔创造了一系列神话学巨作，跨越人类学、生物学、文学、哲学、心理学等领域，包括《千面英雄》《英雄之旅》《神话的力量》《千面女神》等，以上著作中文简体字版由湛庐引进，浙江人民出版社、浙江教育出版社等出版。——编者注

附录 C

STORY
DASH

学习笔记：如何推进故事速写

故事速写是一个帮助人进步的过程。有了《打造你的故事资产》这本书，我真诚地邀请世界各地的团队领导者和故事速写的推动者，一起激活你们的故事以及在团队中的“领导声音”。如果你具备以下两项基本条件，你最终取得的结果会非常理想。

- 引导、推进团队学习的技能。
- 对本书的内容感到满意——至少读过这本书，并独自尝试过整个过程。

如果有可能，请参与者提前阅读本书，这样，在团队学习过程中，他们将受益匪浅。如果参与者不具备提前阅读的条件，那么引导者就要发挥更大的作用，向参与者解释故事速写的各个部分，这对于过程的顺利实施非常重要。

你要准备好的材料如下：

- 《打造你的故事资产》这本书。为每位参与者准备一本，以便他们能使用 6 张故事速写卡。每位参与者都要有一套故事速写卡或一套领导力故事卡。
- 故事画布。为每位参与者打印一大张故事画布，最好用 A3 纸打印。
- 故事完善图。
- 大量便利贴，经典方形款最好。
- 笔、零食、咖啡和茶。

故事速写是一个动态的、活跃的过程。参与者可以以小组或个人的形式参与，因此会有很多互动。有些活动需要大家坐在桌子前书写和讨论，而有一些活动则需要大家推开桌子，围坐成一个小圆圈，面对面地相互交流。

因此，实施故事速写时，最好有一个可以轻松地重新布置的灵活空间。如果你所在的组织有一个培训室或一个现代化的创意设计空间，而且里面的椅子和白板可以轻松移动，那就太棒了。

虽然我们一般是这样要求的，但是我也见过有些组织在一个狭窄的会议室里完成故事速写的整个过程，里面还摆放着一张长长的会议室风格的桌子。因此，故事速写过程可以在任何有限的空间内进行。

理想情况下，工作区应满足以下条件：

- 有开放区域的大房间。椅子可以在开放区域内摆放成一个大圆圈，中间没有桌子。
- 大房间里还应该有一个桌子的区域。在这个区域，人们可以围坐在桌子旁使用他们的故事卡片和故事画布。
- 私密空间。设置一个私密空间，是因为在故事会话中常常会出现一些敏感的内容。
- 足够大的空间。这个空间要能容纳多个 4 人小组分开而坐，并且能够保证组内交谈时，各组之间不会相互打扰。如果每个 4 人小组都配备一个独立的空间，那么效果一定很好。

- 为了激发参与者的反思精神和开放的态度，可以将实施故事速写的地点安排在远离办公环境的空间，这样效果更佳。一个安静的环境或凉爽的户外空间有助于故事速写过程顺利进行。
- 如果你要播放“故事画布入门”的视频，那么你需要准备一个投影仪和一套音响。
- 一张桌子，用以摆放活动所需的材料和其他物品。
- 笔、零食、咖啡和茶，如果有条件，还可以为参与者提供午餐。因为整个过程用时较长，大约需要 4 个小时。

如果理想环境无法实现，至少需要做好如下设置：

- 椅子必须可以移动。避免使用带有体育场式座椅的礼堂或大学的报告厅，因为这些场所里面的桌椅往往是被固定在地面上的，无法移动。
- 足够的空间。可以将椅子从会议桌旁移开，推到房间的边缘，以便参与者可以面对面交谈。

- 具备足以让多个 4 人小组独立实施该过程的材料。
- 能够保护个人隐私。在进行秘密会话时，参与者可以随时关上门。

现在，你要明确这场活动的目的参与者的情况。你面对的参与故事速写过程的是一群怎样的人？他们出于什么目的来讲故事？在第 1 章中有一部分内容提到“这本书为谁而写”。在这一部分中，我详细地阐述了团队想要参与故事速写过程的一些常见原因。当参与者要确定自己参与的目的时，这部分内容可能会有帮助。

整个团队进行故事速写，效果会更好，因为团队拥有共同的责任，团队成员会在寻找和构思故事时相互合作，以求获得共同期待的结果。

然而，我经常与来自不同部门或不同公司的“个人参与者”实施故事速写过程，他们每个人都有各自不同的目的。故事速写在这样跨部门或跨公司的情况下也能实施得很好，不需要做任何调整。但是，在这种情况下，参与者需要更详细地解释自己独特的目的并讲述故事，因为只有这样，大家才能理解。

如果你是为了一个特定的任务或结果而把大家召集在一起，那么你一定要向团队阐明这个目的。

开场："我们为什么讲故事？"（10 分钟）

首先，围绕我们为什么花时间关注故事这一问题，与观众建立一种共识，围绕"你认为我们今天为什么要专门讨论讲故事的问题？""为什么故事对你的工作很重要？"等问题，征求大家的意见。你一定会和大家交流起来的！他们可能会说：

讲故事这种方式很感人。

故事令人难忘，非常吸引人。

故事可以在你的脑海中绘制出一幅画，从而让你理解领导者在说什么。

故事更有亲和力，更人性化。

故事让复杂的话题更容易被理解。

每个人都会讲故事，这是当下的普遍现象。

其次，肯定那些出色的回答。如果你愿意，你可以借鉴本书第 1 章中的表述或观点，进一步阐述讲故事的重要性。

最后，将参与者的想法与正在做的紧急工作联系起来。在故事速写过程完成后，我们会共同构建出可供参与者随时讲述的故事，从而对参与者的工作起到促进作用。

你应告诉参与者，如果在参加本次故事速写前，他们心里已有一个特定的目标，请在这个部分说清楚。例如，“在回应新客户的需求时，我们想有一种与以往不同的表现。我们想要运用你刚才描述的这种引人入胜、令人难忘的故事语言，让客户相信我们这个团队的创造力”。

故事挖掘，发现你的故事资产（30 分钟）

回顾本书第 2 章的内容，再熟悉一下故事挖掘的目的和方法：

- 介绍故事挖掘的目的。故事挖掘是一项讲究策略的活动。我们要讲对的故事，因此应首先关注如何选择故事。
- 介绍故事速写卡。你可以使用整套故事速写卡，也可以使用整套领导力故事卡，或者根据自己的兴趣同时使用这两套卡片。

- 回顾卡片的结构。卡片正面有故事类型及其描述，背面有例子。如果你觉得无从下手，想不出任何故事，那你就读一读卡片背面的例子，这些例子很有可能会帮助你找到灵感。你也许会说：“哦，这个例子让我想起了一个故事。有一次……”
- 如果你已经明确团队为什么要讲故事，那就可以提前缩小卡片的选择范围，比如，你可以使用领导力故事卡中的黑色选择卡，对参与者说：“请大家抽出编号为 3、7、13 和 18 的卡片，先阅读这些卡片上的内容。你们也可能会发现领导力故事卡中的其他卡片更容易激发灵感……”
- 说明你预先选择的卡片。描述卡片上的内容，解释为什么你认为这些卡片可能与手头的工作有关。
- 阐明这一环节的目的是追求故事的数量，尽可能获取更多创意。
- 向参与者说明每人必须独自完成这项工作。
- 分发便利贴，给参与者 7 ～ 10 分钟时间独自完成这项工作。适时询问每个人的进展情况。
- 让参与者从他们构思出的多个故事中，选择一个想要在接下来的环节中继续开发的故事。他们后续可以开发其他故事。

故事画布，构建有影响力的故事（1 小时）

- 介绍我们讲述故事的目的是让这个故事对观众带来一些影响。你可以根据自己的意愿，在此处讨论一下“神经耦合”现象。比如，你可以这样说：“故事画布上的这些方框展示的是一个故事的基本构成元素，当你把它们运用在你的故事中时，就会在某一刻创造出人与人之间的强大联系，我们称之为‘神经耦合’。”
- 介绍故事画布，让参与者理解故事的构成元素以及它们之所以能带来强大影响的原因。你可以通过以下几种方法进行介绍：第一，根据你对第 3 章内容的理解，运用自己的语言或者你在故事建构理论方面的专业知识，介绍故事画布。第二，直接朗读第 3 章的部分内容。第三，播放大约 10 分钟的介绍故事画布入门的视频。
- 给每个团队成员 30 分钟时间，以便他们有足够的时间在故事画布上独立完成故事的构建。
- 如果你愿意，可以主动为参与者提供帮助。你可以告诉参与者，如果他们陷入困境、不知所措时，可以随时寻求你的指导。在这个过程中，一定会有一些参与者感到困难和挣扎，这很正常！学习本身就是一件困难的事情。

- 询问每个人的进展情况。你可以问：“你进行得怎么样了？你觉得这种思维训练方式怎么样？”
- 请注意，在本环节完成后，让大家休息一下。同时告诉他们，休息结束后，大家要准备好讲述自己的故事！

讲故事比赛，让故事活起来

第一步，故事剧场，预计用时 45 分钟，这也是一个自选步骤。

在第 4 章中，我没有具体描述这个步骤。每当我指导团队进行故事训练时，都会从这个步骤开始。但要注意，这种做法并不适合 4 个人的小团队。

- 邀请一位勇敢的志愿者，率先向所有参与者讲述自己团队的故事。
- 请那位志愿者站到大家的面前。我会鼓励故事讲述者不要携带自己的故事画布，因为这时故事画布反而会分散他的注意力，讲述者会忍不住想要看一看画布上的内容。这样做与其说是讲故事，不如说是“读”故事。如果讲述者感到非常紧张或者强烈要求把画布放在附近以便在他大脑一片空白时提示他，我也会做出让步。

- 为第一个走上讲台的志愿者鼓掌，这样做不仅可以为全场注入活力，还可以凸显讲故事的重要性。
- 当志愿者讲完故事后，请所有人再次为他鼓掌，并表示感谢。
- 如果你愿意，可以给他提供一些指导和反馈，就像我在第 4 章中所写的那样。如果你对自己的指导能力还不自信，那么你可以暂时只给出欣赏式反馈：“你刚刚讲的内容让我非常感动……”
- 邀请观众给予欣赏式反馈。你可以这样询问其他参与者：“你觉得哪个情节打动你了？”“你喜欢哪个部分？”
- 提醒所有人，这一步只是在为后面的团队活动热身，因为很快他们就要在自己的小圈子里互相指导。你可以明确地告诉参与者：“我们的目的是将这种故事讲述能力打造成团队成员共有的能力。”

- 我会把下面这个活动循环进行 3 次：第一步，志愿者讲故事；第二步，我提供指导；第三步，团队给予欣赏式反馈。请 3 位志愿者分别讲述他们团队的故事，整个过程大约用时 45 分钟。

接下来是“小组讲故事大赛”，预计用时 60 分钟。这个环节练习的目的是确保每个参与者都有机会讲述自己的故事，并且每个人至少有两次机会为听到的故事提供反馈。

一个故事小组的理想人数是 4 人，3 或 5 人也可以。2 人一组也可以完成，但是指导这样的小组相对困难，因为参与者对于故事速写过程会比较陌生。在这种情况下，指导时只需给予欣赏式反馈，尽量不要提出改进意见。如果是 5 人小组，就需要提醒参与者提高效率，合理安排自己的时间。另外，应尽量避免 6 人小组的出现，因为如果每一个人都讲出自己的故事，那么故事速写的过程就会重复 6 次，输入和输出的内容就太多了，参与者一定会感到疲惫不堪。

- 复习指导说明。比如，你可以这样说：“现在我把所有人分成 4 人一组。请大家们按照下面的步骤进行活动。第一个人先讲述他的故事，当他讲完后，其他人给予欣赏式反馈，给予改进建议和反馈。例如，大家可以回答这两个问题——在故事讲述过程中，哪部分做得好？哪部分还需要改进？”

- 如果你组织了故事剧场，那么，之前的 3 位志愿者就不需要再讲述他们的故事了。你可以把他们安排进 4 人小组，成为每组的第 5 位成员，给其他故事讲述者提供反馈，但没有必要让他们再重复他们自己的故事。
- 提供辅助资源，即故事完善图。再次向大家解释一下它的用途：当你指导团队成员讲故事时，你可能需要一些辅助材料，此时就可以考虑使用它。它会提供一些常见问题的解决方案，起到一定的辅助作用。
- 确保每个小组有 60 分钟的交流时间。

上一环节完成后，可以根据实际情况决定是否选择“重述故事”这一步。具体方法如下：

- 如果小组的人数是 5 个以上，你就可以引入这个环节，每个小组可以从众多的故事中选出一个作为小组故事，并在全体参与者面前讲述。这样做的一个好处是可以起到过滤作用，从而确定最棒的或者最重要的故事。

- 你可以尝试引入一个极具活力的环节，我将这个环节命名为“重述的故事”。它出自辛西娅·库尔茨（Cynthia Kurtz）和保罗·科斯特洛（Paul Costello）的作品，我在《9 位缪斯女神的圈圈》（*Circle of the 9 Muses*）一书中也介绍过。

下一步做什么？你有很多选择！

- 你可以发动大家一起讨论如何让讲故事这项活动在团队中保持活力。如果你是团队的领导者，你可以组织团队成员思考如何让故事在团队文化和团队身份的构建中发挥作用。

- 如果时间充裕，你还可以让参与者再选择一个故事深入开发。这一次，他们不需要在故事画布上花费太多时间。为了提高趣味性，你可以给参与者增加一点小小的压力，比如限时 10 分钟完成。邀请他们开始新一轮的故事速写过程。
- 集体讨论未来能讲故事的机会。你可以给参与者布置作业："你必须找机会向你的团队、股东或者客户讲述你的故事，在下次参与培训时，你要向小组成员报告讲述故事的整个过程以及结果！"
- 在"讲故事的领导者"的培训课程中，我会将参与者分成几个小组，并要求他们围绕当前的一个项目准备一个故事驱动的展示演讲。我向他们陈述故事占比为 30% 的假设和一些样本视觉时间图，比如演讲《学校扼杀了创造力？》的视觉时间图，以此来向他们说明在演讲中如何运用故事。然后，我请他们按小组分别到不同的房间，准备 90 分钟，90 分钟后每个小组给大家做一个至少包含 3 个故事的展示。这压力非常大！各小组轮流面对一个"虚构"的观众进行展示，而我就是那个观众，一个“难应付的客户”。

- 如果你真有一个实际的案例摆在面前，比如在几周后你有一场大型的展示演讲，那么，你就要更加仔细地重复开发、讲述、不断修正和完善的过程，直到感觉“对了”为止。

更多推荐

如果你准备好开始进一步的学习，拓展自己的能力，可以试试我们团队提供的服务：

- 为你的团队定制一个有专业人士指导的故事速写过程。
- 参加“讲故事的领导者”培训课程，进一步学习故事构建的技巧，包括文化、知识、策略激活、品牌推广等方面。
- 为你们的团队故事速写过程的推动者颁发合格证书，以便他们在组织内部实施故事速写、接受讲故事能力的培训，也可以给你的见习团队提供其他资源和技能培训。

附录 D

STORY DASH

我如何在书中发挥故事的力量

在本书中，我一直在讲故事。我的意图就是通过讲故事帮助各位读者在讲故事时激发观众的参与意识并树立信念。我不只是在推广一个步骤齐全的流程，更是在邀请你感受一种思维方式。故事是一种邀请性语言，它能吸引观众沉醉其中，极具感染力。

我的大部分职业生涯都在研究组织沟通。根据多年的经验，我注意到几乎所有领导者都默认使用建议式语言，比如，他们常说："有几件事情，我要给大家说一下。"他们想原原本本地把信息复制粘贴到下属的脑子里，避免有任何遗漏。如果在本书中我也采用这种建议式的语言，那么我只需要把我认为正确的做法告诉你即可，以便可以把这些信息完整地复制到你的大脑中。这样我也可以轻易地加快整个培训过程，因为我只需要说如下几个建议式的句子就足够了：

> “客户希望你的演讲更人性化一些。”
>
> “你必须讲故事，这是一种迫切的需求。”
>
> “故事可以创造出一种截然不同、强劲有力的联系，通过讲故事你可以让组织系统发生变革。”

建议式语言的问题在于它们往往将读者引向批判性的方向。 换句话说，一系列的建议式句子会促使我们做出判断，但也有人会反驳：“我一点都不认同这个观点！”或者说：“我同意作者的第二个观点，但不同意第三个观点。”作为一个希望影响他人的人，我不想处于这种境地！我不希望卷入这样的争论之中，所以我不会在明知你非常抵触的情况下，还执拗地向你证明我所认为的真理。

因此，我选择讲故事。故事更具说服力，且语气更缓和。与其冒着被反驳的风险对你说：“客户希望你的演讲更人性化一些。”我更愿意说：“我给你讲个例子吧，有一个团队只是因为他们的商务演示不够人性化，就错失了市场机会。”

讲故事可以改变你在沟通中关注的方向。听故事时，你不再抱着批评或挑剔的心态，因为你不会“不同意”我的故事。“不同意某个故事”这种说法根本讲不通，相反，你会立即接受这个故事，然后在脑海中进行这样的思考：“我们的团队是不是可能也像戴维谈到的波士顿团队那样……”这才是组织沟通的最佳流程。我所讲的这个故事也许会激发你的灵感，也许不会，但都没关系，我们可以继续讨论，我有很多故事可以讲给你听。

我不是在告诉你该思考什么，只是在邀请你一同参与思考。我也不是一个需要保守秘密的魔术师，我愿意详细展示我掌握的所有技巧。以下内容展示的就是我是如何利用故事引导你进入故事速写的会话交流之中的。

第 1 章包含以下故事：

- 波士顿团队。

- 程序员达里亚。
- 埃利奥特的预约。
- 医疗团队寻求培训。
- 田纳西州女子监狱。

第 2 章包含以下故事：

- “赞比亚的故事”。
- 伊丽莎白想不出故事。
- 我如何创建领导力故事卡。
- 海滩上的尼古拉斯。

第 3 章包含以下故事：

- 赫玛的简单故事为团队赢得了投资。
- 比尔将软件开发项目的故事一分为二。

第 4 章包含以下故事：

- 雪莉失败的“客户文化”故事。

- 杰夫·贝佐斯“像天使的歌声般清澈”的期望。
- 雪莉成功的“客户文化”故事。

有一点值得注意，我采用案例研究的语言写了这一整章，并在第 4 章中不断回顾雪莉的故事。我还用叙述性语言描述了我的指导过程。虽然“案例滚动研究”可能没有遵循经典的故事结构，但它依托于许多与故事相同的元素。

第 5 章包含以下故事：

- 我的故事研究过程。
- 汤姆认为 53% 的故事在演讲中占比过高。
- 故事拯救了一位高管的糟糕演讲。

后记中包含以下故事：

- 海滩上的多丽丝。
- 在琼斯伯勒举行的国际故事节上出现的“单一有机体”。

6 张故事速写卡包括以下案例故事：

- “弗朗西斯科的菜园”（“开始的时候是这样的”案例）。
- “任何人都可以拯救生命”（“企业价值观的力量”案例）。
- “透明度就是倾听”（“迈出勇敢的一步”案例）。
- “打印自己的鞋子”（“假如这件事发生在我们这里”案例）。
- “杰克的企鹅梦”（“达到我们的最佳状态”案例）。
- “巧数电线杆”（“找到解决办法”案例）。

最后，我们来一起回顾一下每个故事，我会再次提炼总结我讲各个故事的目的。

波士顿团队

> 这是本书开头的故事，珍妮特把我介绍给她的技术团队成员，但起初他们并不怎么欢迎我。珍妮特对他们说：“如果我们能成功签下这份合同，那是因为团队中的人很优秀。”

一句话概括我讲述这个故事的原因：体现了本书的一个核心观点，即在如今的组织环境中，领导者应该具备一种“更人性化”的管理风格，而讲故事是实现这一目标的途径之一。

其他目标：

- 展现我自己、我的工作和我的个性。我希望能够回答所有读者都关心的问题："这个人是谁？他做过什么？我凭什么要听他的？"作为大家阅读本书的向导，我希望能与你们产生共鸣，建立一种紧密的联系。亚里士多德将这种希望称为演讲者的"人品诉求"。
- 说明"故事"在高风险的商业环境中具有一席之地。那份价值 2.5 亿美元的回报应该会抓住大家的眼球。

程序员达里亚

这是一个简短甚至不完整的故事，关于一位印度的年轻程序员达里亚。他说，他现在所做的一切好像都是在与人打交道。

一句话概括我讲述这个故事的原因：回答了"为什么要讲故事"这个问题，指出所有领导者都必须转变思维，从关注技术或事务性的内容转向关注复杂的人性。

其他目标：

- 证明讲故事适用于任何文化、任何国家。在后文中，我将讲述一些在法国、德国，以及亚洲和其他地区的经历。

埃利奥特的预约

这个故事描述了一位大脑受损的病人，由于他的情感与思想是分裂的，所以他连一些简单的决定都无法做出。

一句话概括我讲述这个故事的原因：体现了我的观点，即“组织是情感系统”，同时也体现了一种重要的心理模式，即人们的决策先受到情感的影响，然后理性思维才发挥作用。

其他目标：

- 从神经科学层面强调可信度，证明我不是在胡编乱造。
- 启发思考。在你的组织中，有哪些“情感流”是你没有意识到或没有解决的？我在此为你提供一个案例，以证明讲好故事的重要性。

- 如果你对这个话题感兴趣，我也为你提供了相应的途径，以便你深入研究。

医疗团队寻求培训

这个故事是关于我曾合作过的一个医疗团队的。因为疫情暴发，他们取消了故事培训，但后来他们突然又打电话跟我说，他们亟需一场故事培训。

一句话概括我讲述这个故事的原因：为了说明这个过程同样适用于紧张且高风险的环境。

其他目标：

- 向你们展示一位客户的思想转变。一开始公司领导认为“讲故事没有那么重要”，后来才相信讲故事是个迫切的商业需求。由于他们面对的是真正对公司来说“生死攸关”的决定，因此，他们选择把注意力放在更具说服力的故事上。
- 希望你们也会发生类似的“思想转变”，认识到讲故事的紧迫性，特别是对于那些还抵触用讲故事来实现目标，不相信故事影响力的人。

- 向你们展示故事在不同行业中的应用。起初故事被运用于技术应用领域，现在故事又被应用于医疗领域。我相信，故事还将被应用于更多行业领域。

田纳西州女子监狱

我简短地提到一个监狱里的囚犯，她把自己讲故事的能力描述为“一种前所未知的才能”。

一句话概括我讲述这个故事的原因：证明有些人对讲故事有“深刻”的体验。

其他目标：

- 展示另一个截然不同的语境下故事的应用。事实上，讲故事在社会、法律和商业情境中的应用已相当广泛。
- 启发你思考这个耐人寻味的观点：故事能启发一种“不同的智慧”。请注意，我并没有特别解释它的意义。我只是希望你能像我一样，带着好奇心主动思考这个问题。

- 揭示我的核心价值观。我希望你能看到更多在这个世界上我所关心的东西。

“赞比亚的故事”

我摘录了史蒂夫·丹宁在《故事激发行动》一书中讲的“赞比亚的故事”。这个故事发生在赞比亚的一家医疗诊所。那是一个“故事中的故事”，这则故事展示了史蒂夫通过讲故事给世界银行带来的巨大影响。

一句话概括我讲述这个故事的原因：为了说明本书中一个极其重要的主张，即一个故事可以成为“升级”组织系统的“催化剂”，带来重大改变。

其他目标：

- 展示故事在金融行业的新应用。
- 阐明讲故事的另一个应用：围绕战略变革，创造组织内部的一致性。我非常关心这个问题，因为这是我很多工作的重点。

伊丽莎白想不出故事

这是一个贯穿整个第 2 章的故事，内容是伊丽莎白在接受故事速写培训时，从万分纠结、一筹莫展，到完全相信并积极实践，最终以一个精彩的个人故事获得最终胜利的过程。

一句话概括我讲述这个故事的原因：介绍了人们在开始讲故事时遇到的一些非常真实的困难，并将进行故事速写、使用故事速写卡和领导力故事卡看作是解决这些困难的途径。

其他目标：

- 当你对讲故事感到焦虑时，伊丽莎白的故事会给你带来一些安慰："别担心，我是来帮助你的。"
- 展示故事被应用于一个新的文化环境和一个新行业（消费品行业）中。
- 说明即使是最有价值的项目，如减少包装垃圾的项目，如果没有拉近其与我们生活的距离，项目目标也难以实现，而故事则可以让项目更贴近生活。

我如何创建领导力故事卡

我解释了领导力故事卡的起源。在听过数千个故事之后，我注意到其中的一些规律，因此创建了一套领导力故事卡。

一句话概括我讲述这个故事的原因：使用领导力故事卡和故事速写卡是故事速写过程的核心，所以，我想让你感受到我的设计是经过深思熟虑以及不断试错之后才形成的，这样你就会更愿意关注这些资源。

其他目标：

- 更明确地阐明讲故事可以解决哪些难题，如知识转移、文化改变和身份认同等。

海滩上的尼古拉斯

这是伊丽莎白讲述的故事，她年幼的儿子尼古拉斯在海滩上发现她公司的产品污染了海岸。

一句话概括我讲述这个故事的原因：这个故事不但讲得

好，而且战略重点突出，可以让你看到当一个人相信故事的力量时，会产生怎样的变化，由此会带来什么效果。

其他目标：

- 验证我之前介绍的有关恐惧的想法，并展示了人们在培训初始因何感到担心和害怕，也展现了一个人敢于冒险时会得到的回报。
- 展示像这种类型的“个人故事”如何在整个组织内产生巨大的影响。
- 展示故事如何给一个陷入困境的项目带来生机。从这方面来看，这个故事与丹宁讲的“赞比亚的故事”有相似之处。

赫玛的简单故事为团队赢得了投资

在这个故事中，一位参加故事速写过程的领导者给一群“令人畏惧”的领导者观众讲述了自己的团队陷入困境的故事，却促成了公司的系统性变革。

一句话概括我讲述这个故事的原因：相信故事画布结构能够创造出人类联系的共情时刻，即“神经耦合”，从而促使人们采取行动。

其他目标：

- 阐述领导者讲故事可能给团队带来的变化。
- 说明结构严谨的故事可以弥补平庸甚至糟糕的演讲技巧，也再次强调了讲故事不是表演。
- 表明勇气在讲故事过程中的作用。
- 阐述引导的作用，说明使用故事是向上管理的有力杠杆，也是建立自己影响力的强有力武器。

比尔将软件开发项目的故事一分为二

这个短小的故事描述了比尔将软件开发项目的故事一分为二后，成功解决了故事条理混乱的问题。

一句话概括我讲述这个故事的原因：如果一个故事中存在多个冲突，就应该把这个故事按照冲突个数分离开来，同时我还结合实例，具体说明了如何操作。

雪莉失败的“客户文化”故事

在这个故事中，一位领导者在讲述了自己的“星巴克故事”后，得到的结果令人失望。

一句话概括我讲述这个故事的原因：说明仅仅依靠故事卡片和故事画布并不能确保获得满意的结果，你还需要把故事讲给他人听，通过吸收各种反馈为故事“注入生命力”。

其他目标：

- 提供一个“承前启后”的故事，描绘出本章的整体叙述弧线。
- 通过提问引导你思考如何指导雪莉改进她的故事，鼓励你采取行动，亲自体验这个过程。这是一项技能培训活动。
- 展示故事的新应用，即故事在文化认同、团队身份认同以及组织学习等方面的应用。

杰夫·贝佐斯“像天使的歌声般清澈”的期望

> 杰夫·贝佐斯规定亚马逊高管必须具备故事讲述能力，并严格要求高管在工作中实践讲故事。

一句话概括我讲述这个故事的原因：再次证明一个观点，即具有影响力的领导者在培养讲故事能力方面进行了大量投资，这说明这项技能的实践需要主动的意愿和组织的投入。

其他目标：

- 通过介绍在亚马逊公司开发一个故事可能需要“一周或更长时间”，说明故事准备工作的“深度”，并鼓励你为了培养讲故事的技能做出类似的投入。
- 通过描写一家大型公司愿意培养高管的故事讲述能力，佐证我的论点。
- 说明这项工作需要意志力。这并不是一项容易的工作！

雪莉成功的“客户文化”故事

> 雪莉接受了我的指导意见，对自己的故事进行

了修改，然后为我们展示了一个改进版的“星巴克故事”，结果好多了。

一句话概括我讲述这个故事的原因：说明有的放矢的指导会带来满意的结果，同时，我也愿意为你提供机会，让你扮演辅助者或指导者的角色。

其他目标：

- 向你展示打造你的故事资产可能需要付出的努力。

我的故事研究过程

这是一个很长的故事，我介绍了人们对“过度使用故事”的恐惧，以及我如何研究分析 TED 演讲以检验我提出的“故事占比为 30% 的假设”。

一句话概括我讲述这个故事的原因：让你了解如何在“现实世界”里应用你的故事，并展示讲故事如何与其他论证方式共存。

其他目标：

- 本章的大部分内容可作为故事速写卡中“找到解决办法”的故事案例，我邀请你参与我的研究过程，并一起探寻研究的结论：占比为 30% 的故事是一个关键的“战略意识”。这个故事证明了我对故事的实际应用符合我所主张的观点。
- 重申我在本书开头介绍的“恐惧”，因为我知道通常在介绍完故事占比为 30% 的假设之后，许多领导者会开始怀疑自己的能力。我希望你相信自己能做到！

汤姆认为 53% 的故事在演讲中占比过高

看过我对肯·罗宾逊的 TED 演讲的分析之后，汤姆质疑我得出的“演讲中可以有 53% 的时间是在讲故事”这一结论。

一句话概括我讲述这个故事的原因：由于预料到当我得出“演讲中可以有 53%的时间是在讲故事”这一结论时，一些读者可能存在疑问，于是我借汤姆之口，让他大声说出大家的疑虑。

其他目标：

- 避免在“说教”或“讲述”上耗费太多时间。与前几章相比，本章包含了更多的数据、图表和理论。我本能地意识到这些内容会给读者疲惫的大脑增加负担，所以，我又抓住机会，再次实践了在本章中倡导的30%法则，用故事来打破说教式的“讲述”。

故事拯救了一位高管的糟糕演讲

我见过位于俄亥俄州的一家消费品公司的高管发表了一场几近失败的策略展示演讲，但最终他通过讲故事成功“拯救”了这场演讲。

一句话概括我讲述这个故事的原因：故事能重置注意力的调光开关，并且让人们切身感受到：故事会为演讲注入生命。

其他目标：

- 我继续践行自己在本章中所提倡的方法。在这里，我只介绍了两三个“大想法”，但我将这些大想法都嵌入故事中。

- 希望能启发你一同思考。2 分钟的故事可以换来 9 分钟的全场关注，这个信息或许对你在今后的工作中运用讲故事的方法有所帮助。

海滩上的多丽丝

蓟草农场的创始人贝卡·史蒂文斯讲述的第一次带多丽丝去海滩的故事。

一句话概括我讲述这个故事的原因：我想证明故事可以触及人的内心深处，唤醒我们内心最柔软、最神圣的部分。

其他目标：

- 我想再给你展示一个“好”例子。这就是一个引人入胜、构思精巧且富有意义的故事。

在琼斯伯勒举行的国际故事节上出现的“单一有机体”

在这个故事中，我描写了在田纳西州琼斯伯勒举行的国际故事节的场景，我发现一群一起讲故事的人就是一个“单一有机体”。

一句话概括我讲述这个故事的原因：我仍然在举例证明，当我们讲故事时，总会带来一些特别的、丰富的结果，也表明故事能够以一种强有力的方式将我们紧紧联系在一起。

其他目标：

- 我想告诉更多人，一些更深层次的欲望，如希望、转变和超越，正在吸引人们去讲故事。

将你的故事构建能力提升至新的高度

把故事的力量带给你所在的团队、项目或系统中吧！有很多方法可以让你参与进来，也有很多东西可以在你的领导力之旅中支持你。

领导力故事卡

找到那些你没意识到但能体现出你的工作价值的故事！通过领导力故事卡及其他材料来帮助你的团队发掘这些故事。

讲故事比赛

通过主动学习优秀的经验，在团队和文化中提高讲故事的能力！在线下活动或线上会议中都可以开展这个活动。

故事速写

这是一个挖掘、发展和激活最适合讲述的故事的过程。你需要借助所有的工具和资源释放团队的潜力。

未来，属于终身学习者

我们正在亲历前所未有的变革——互联网改变了信息传递的方式，指数级技术快速发展并颠覆商业世界，人工智能正在侵占越来越多的人类领地。

面对这些变化，我们需要问自己：未来需要什么样的人才？

答案是，成为终身学习者。终身学习意味着永不停歇地追求全面的知识结构、强大的逻辑思考能力和敏锐的感知力。这是一种能够在不断变化中随时重建、更新认知体系的能力。阅读，无疑是帮助我们提高这种能力的最佳途径。

在充满不确定性的时代，答案并不总是简单地出现在书本之中。“读万卷书”不仅要亲自阅读、广泛阅读，也需要我们深入探索好书的内部世界，让知识不再局限于书本之中。

湛庐阅读 App：与最聪明的人共同进化

我们现在推出全新的湛庐阅读App，它将成为您在书本之外，践行终身学习的场所。

- 不用考虑“读什么”。这里汇集了湛庐所有纸质书、电子书、有声书和各种阅读服务。
- 可以学习“怎么读”。我们提供包括课程、精读班和讲书在内的全方位阅读解决方案。
- 谁来领读？您能最先了解到作者、译者、专家等大咖的前沿洞见，他们是高质量思想的源泉。
- 与谁共读？您将加入优秀的读者和终身学习者的行列，他们对阅读和学习具有持久的热情和源源不断的动力。

在湛庐阅读App首页，编辑为您精选了经典书目和优质音视频内容，每天早、中、晚更新，满足您不间断的阅读需求。

【特别专题】【主题书单】【人物特写】等原创专栏，提供专业、深度的解读和选书参考，回应社会议题，是您了解湛庐近千位重要作者思想的独家渠道。

在每本图书的详情页，您将通过深度导读栏目【专家视点】【深度访谈】和【书评】读懂、读透一本好书。

通过这个不设限的学习平台，您在任何时间、任何地点都能获得有价值的思想，并通过阅读实现终身学习。我们邀您共建一个与最聪明的人共同进化的社区，使其成为先进思想交汇的聚集地，这正是我们的使命和价值所在。

图书在版编目（CIP）数据

打造你的故事资产 / (美) 戴维·赫钦斯 (David Hutchens) 著 ; 马社林译 . -- 杭州 : 浙江教育出版社 , 2024. 11. -- ISBN 978-7-5722-8875-3

Ⅰ. F272

中国国家版本馆 CIP 数据核字第 2024SU7389 号

浙江省版权局著作权合同登记号
图字: 11-2024-426号

上架指导：商业思维

打造你的故事资产

DAZAO NI DE GUSHI ZICHAN

［美］戴维·赫钦斯（David Hutchens） 著

马社林　译

责任编辑：苏心怡

美术编辑：韩　波

责任校对：王晨儿

责任印务：陈　沁

封面设计：ablackcover.com

出版发行：浙江教育出版社（杭州市环城北路 177 号）

印　　刷：天津中印联印务有限公司

开　　本：880mm ×1230mm 1/32

印　　张：8.00　　**字　　数：**145 千字

版　　次：2024 年 11 月第 1 版　　**印　　次：**2024 年 11 月第 1 次印刷

书　　号：ISBN 978-7-5722-8875-3　　**定　　价：**79.90 元

如发现印装质量问题，影响阅读，请致电 010-56676359 联系调换。